实验·艺术史丛书

永远的二次航行

——从色彩出发

王玉冬 著

山东美术出版社·济南

图书在版编目（CIP）数据

永远的二次航行：从色彩出发 / 王玉冬著 . -- 济
南：山东美术出版社，2025.1
（实验·艺术史丛书）
ISBN 978-7-5747-0090-1

Ⅰ.①永… Ⅱ.①王… Ⅲ.①敦煌学－色彩－研究
Ⅳ.① K870.6

中国国家版本馆 CIP 数据核字（2023）第 138574 号

策　　划：曹　飞
责任编辑：曹　飞　赵　玲
装帧设计：王海涛

YONGYUAN DE ERCI HANGXING——CONG SECAI CHUFA

永远的二次航行——从色彩出发

王玉冬　著

主管单位：山东出版传媒股份有限公司
出版发行：山东美术出版社
　　　　　济南市市中区舜耕路 517 号（邮编：250003）
　　　　　http://www.sdmspub.com
　　　　　E-mail:sdmscbs@163.com
　　　　　电话：（0531）82098268　　传真：（0531）82066185
　　　　　山东美术出版社发行部
　　　　　济南市市中区舜耕路 517 号书苑广场（邮编：250003）
　　　　　电话：（0531）86193028　　86198029
制版印刷：深圳市星嘉艺纸艺有限公司
开　　本：787mm×1092mm　1/16
印　　张：17.75
字　　数：211 千
版　　次：2025 年 1 月第 1 版　2025 年 1 月第 1 次印刷
定　　价：128.00 元

"实验·艺术史丛书"编辑理念

1.本丛书征集在艺术史方法论、艺术史写作方面具有实验意义的前沿性、原创性研究。

2.尤其鼓励跨越地域和不同艺术媒介、将个案研究与理论探讨相结合的研究路径。

3.著作体例由一篇访谈和一组符合丛书宗旨的文章构成。

4.本丛书不设主编,入选著作经由学术界专家推荐和评审产生。

山东美术出版社

2024年2月

I

访谈：

永远的二次航行

关键词：

艺术写作

证词

反致知

技术艺术史

全球艺术史

地球艺术史

受访者：王玉冬
（以下简称为"王"），
澳门大学艺术与设计
系特聘教授，艺术史
研究者

采访者：李璠
（以下简称为"李"），
广州美术学院艺术与
人文学院教师

李：非常荣幸，也非常感谢王教授能够接受此次采访并与我们分享您多年来在艺术史领域所做的工作和重要思考。首先，还是请您简要介绍一下您是如何走上艺术史专业道路的？整个过程是怎样的？

王：好的。我本科和硕士研究生就读于北京大学考古系。在硕士研究生阶段，我的专业方向是中亚考古，主要研究新疆地区的石窟，比如克孜尔石窟、柏孜克里克石窟。在那个阶段，我第一次系统地接触到了佛教和佛教艺术，并将这个兴趣一直延续到硕士毕业以后。于是我毕业后，在佛教协会工作了两年。在这期间，考虑到要继续深入学习佛教艺术，需要具备相关的语言能力，1996年我决定去美国印第安纳大学中欧亚学系继续深造，计划在那里全面学习中亚语言、文化、历史、宗教。在印第安纳大学的这段时间，我读了一系列艺术史著作，尤其是巫鸿老师的著作，之前对于考古、器物等方面的兴趣又被点燃了。这也致使我在完成了印第安纳大学的三年学习之后，又去芝加哥大学读取博士学位。我真正的艺术史学习实际上是从芝加哥大学开始的。那个年代的大学还没有像现在这么明显的学科交叉和互鉴，考古学、中亚学、藏学的研究对象、方法论与艺术史有很大不同，它们的研究对象一般不会以图像为主。比方说，考古学当时研究的主要对象是城址、墓葬、器物等，而中亚学、藏学这些区域研究的侧重点则主要是通过历史比较语言学方法而进行的文学史、宗教史等方面的研究，图像很少进入这些学科的视野里。我进入芝加哥大学艺术史系之后最大的困惑就是不知道怎么接近、处理、谈论图像。很多老师会在课堂上花很长时间谈论一幅图像，这对当时的我而言，是件再奇妙不过的事情。艺术史必须从图像、器物本身开始，而不是概念或文本先行——我在学习和理解艺术史学科这一基本原理上，经历了不少波折，走了不少弯路，也花费了很长时间。

李：原来您当年从考古学向艺术史的跨学科尝试经历了这么多困难。借此话题，我补充一个我个人的观察。当下不仅是考古学，人类学、文艺理论背景出身的学生，甚至理工、金融、小语种等学科的年轻人跨专业来学习艺术史的也不在少数，而且好像越来越普遍，不知道您怎么看这个现象？您觉得这样一部分力量进入艺术史研究，会为这个专业带来什么？他们自身又将会面临怎样的挑战？

　　王：你提到的理工科出身的学生转向艺术史专业的现象，我也注意到了，也接触过不少这样的学生，国内外都有，是一个特别值得注意的现象。他们跨专业而来，但通常做得非常好。我知道，在北美，很多艺术史学者原本的专业都不是艺术史，而且我在那边给高年级本科生上艺术史课的时候，最有创意的期末论文往往大多出自理工科学生或艺术、艺术史专业之外的文科学生。至于为什么会有这么多非艺术史专业的人转行到艺术史，我觉得这与我们这个学科要求学者具备的一些基本品质有关。与其他历史学科相比，它更加需要"敏感"的个性。这些学生能够意识到那些看似前途一片大好、时髦的专业的不足，这就说明他们是对生命、生活极其敏感的人——这恰恰是艺术史家必备的一个品质。

我希望这部分来自理工科等非艺术史专业的同学，要永远保持自己的这一敏感特质，并且坚信正是因为不熟悉艺术及其传统，才会对艺术品抱有不一样的眼光，发现不一样的问题，才不会"拾人牙慧"——这些都是他们作为"陌生者"的优势。当然，他们也一样面临着艺术史出身的同学所面临的挑战：就是说，他们必须在较短的时间内，既能对几个基本的艺术传统、视觉传统有大致的把握，又能在自己具体的研究领域打下一个坚实的基础。

李：还是回到您个人的经历方面。在您海外求学的时期，北美的艺术史界具体是一个什么样的情况？气氛和国内有不同吗？

王：好的。20世纪八九十年代的状况，跟现在完全不一样。那个时候艺术史在国内是一个很小的学科，只有为数不多的几座美术学院有这个专业，而在很多综合类大学中是没有艺术史专业的。考古专业的学生与艺术史专业的学生交流并不是很多，在当时的考古人眼中，艺术史就是绘画史、笔墨史、风格史。我记得我们北京大学考古系87级这个班，四年里只上了一门真正的艺术史课，那就是外请了故宫的杨新先生给我们上中国绘画史。1996年我到印第安纳大学时，除了在中欧亚学系上中亚藏学的课程，还在美术系选修了不少课程。当时，印第安纳大学教授中国艺术史的老师是倪肃珊（Susan Nelson）教授，她研究宋元绘画，学生时代在普林斯顿大学、耶鲁大学受过很好的训练，有非常好的看画眼力。她的课基本上都围绕着绘画展开，其实，当时大部分北美高校的中国艺术史研究和教学重心也都是在绘画史上。当然，也就是在那个时候，巫鸿教授、柯律格（Craig Clunas）教授等开始出版一系列极具创意的著作，为中国艺术史写作带来了全新风尚，中国艺术史也开始更多地和其他人文学科展开了对话。

这是当时中国艺术史的情况。西方艺术史领域在20世纪70年代末80年代初就出现了所谓"新艺术史"的研究路数，也就是说，已经开始试图打破二战以来，德语地区移民到北美的艺术史家所创建的形式主义艺术史以及图像学独霸学界的局面。但即便如此，在那个时期，西方艺术史学者和中国艺术史学者之间的交流也是有限的，比如一个研究西方文艺复兴的学者就极少会去系统地关注中国艺术史。当然到了后来，形势就完全不同了。所谓跨文化艺术史、全球艺术史、技术艺术史在21世纪初开始出现，这些新兴领域其实都蕴含了某种全球视野。北美现在的情况是，如果一个年轻学者只了解一种艺术传统的历史，那他就会显得非常的另类。这是个全新的现象，但我想也是个非常好的现象。

李：谈到中与西这个话题，除了作为研究对象上的一种差异，也想进一步追问您，在您看来，作为研究者，中西文化背景的差异是否会导致中西方学者在兴趣关注点与研究问题呈现上的不同？有着中国文化背景的学者，是否能够有某种特殊角度的艺术史贡献？

王：其实我也一直都在思考这个问题。谈一些个人经历吧。芝加哥大学中国艺术史方向的学生，会去选修很多包括西方艺术史在内的非中国艺术史课程。在那几年里，除了中国艺术史的课程，给我留下最深刻印象的艺术史类课程全都和西方艺术有关。举个例子，在选修或者旁听中世纪艺术史类课程的时候，往往只有我一个中国学生，那种感觉非常奇怪。我当然会强烈感觉到作为中国学生，在相关知识上的严重缺乏。但同时我也会问自己，和其他有着足够的语言、图像、历史知识储备的西方学生相比，我的优势在哪里？我和他们一起看拜占庭插画或镶嵌画的时候，我能贡献怎样不同的角度？几年前，广州美术学院和多伦多大学艺术系合作进行"全球艺术史视野下的中古艺术史"项目时，我也一直不断问自己这个问题。一开始，我会尽量避免从所谓的"中国"视角去观看、思考这些西方艺术品，但我后来逐渐意识到，我的这副中国艺术史"有色眼镜"有些时候还真的可以发现一些西方艺术史家不会去关注的问题，比方说中国艺术史研究中对于"纸"与"笔"物质性的关注，对于笔法的强调，这些都可以用来去思考西方中世纪的插画。

不过，如果想诚实地回答你的这个问题，我们就得面对一个无法回避的事实：过去的两个世纪，与其他所有非西方现代传统一样，中国传统是一个弱势传统，从理论上讲，现在的中国人都是被极度西化和被彻底现代化了的。所以，对于所谓第三世界的人来讲，我们要做的工作要比西方学者难得多。我们要先系统学习西方现代传统（包括西方现代艺术）的来龙去脉，然后再试图超越它——如何超越？通过耐心地深入发掘我们自身的传统。

最后，再回到你的问题上——中国艺术史家对于这个学科的贡献会是在哪里？目前，我们还不能给出明确的答案，但我们知道我们应该怎么做才能最后给出一个合理的答案：一方面，每个艺术史学者，无论具体的研究方向是什么，都要尽其所能去梳理西方艺术传统；另一方面，努力对我们自身传统做出最深入的探索——我们对自己的传统遗忘得太多了。在很大程度上，我们和那些从理工科转向艺术史的学生一样，都还是些艺术史的"陌生者"。

李：从考古学到中亚学，再到艺术史学，从您的介绍中我们了解到您经历了漫长的跨学科、跨文化的学习过程，是什么促使您最终完成了向艺术史专业的转向？

王：确实，跨专业学习需要好多年的磨合。现在回想起在芝加哥大学时期的学习，我想，除了专业学习，还有两段比较关键的阅读经历对我最终选择艺术史研究作为职业起到了很大作用。第一段经历是我系统地阅读了意大利微观史学家卡洛·金兹伯格（Carlo Ginzburg）的研究，我后来的博士论文所采用的方法就受到了他很大的影响（图1）。金兹伯

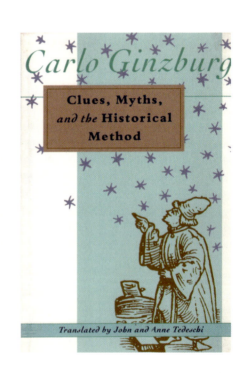

图1 《线索、神话以及历史方法》（1992年重印本）

格也做艺术史研究，但大部分研究艺术史的学者不太会注意他的著作，不过他对我个人的影响非常大：一方面是他的方法，从一个微观的、看似平常的线索开始，然后过渡到一个非常大的画面；另一方面是他把艺术史的研究和文学史的研究串联在一起。这些对于正在着手写作博士论文的我都非常有吸引力。我现在还记忆犹新的是《线索、神话以及历史

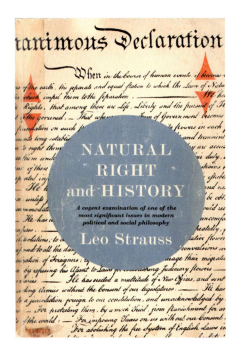

图2 《自然权利与历史》（1968年重印本）

方法》（*Clues, Myths and the Historical Method*, 1989）一书中那篇写于1969年的《从瓦尔堡到贡布里希：一个方法问题》（*From Aby Warburg to E. H. Gombrich: A Problem of Method*）。至今我都认为那是对现代艺术史方法论的一个很好的回顾和批判。当然，那时候我也反复阅读了他的那篇经典之作——《线索：一个证据性程式的源头》（*Clues: Roots of an Evidential Paradigm*, 1989）。

　　第二段经历是在我一边写博士论文，一边教书的那段时间。由于列奥·施特劳斯（Leo Strauss）在芝加哥大学的特殊影响力，我偶然间读到了他的著作（图2）。他对于哲学与历史关系的思考很大程度上启发了我对艺术史学科的本质的思考。和大多数人一样，我也是从他那本《自然权利与历史》

（*Natural Right and History*, 1953）开始了解他的思想。他对于现代学术研究，尤其是历史学研究基础的反思和批判，对我的触动非常大。

李：有关这种转折，似乎不仅在您早年的求学经历中存在，在您近年来的艺术史研究历程中也可以感觉到。比如，从《蒙元时期墓室的"装饰化"趋势与中国古代壁画的衰落》（2012年）到《同途殊归——艺术史研究中物质材料问题》（2017年），再到《青绿大地的诞生——敦煌壁画色彩演变探赜》（2021年），以及最新的《进深与表面：宝顶山毗卢道场摩崖艺术索微》（2022年），《何以"塑形"：全球艺术史视野下的"凹凸画"》（2022年），似乎从关注一种大的历史流变逐渐转移到某些感受性、场域性的层面。不知道是不是这样？如果是，您认为这种研究方面转变的契机是什么？

王：我觉得很多学者都会在学术生涯中发生几次根本性的改变和转向，因为我们总会面临全新的问题、进行全新的阅读，而且也总会受到具有世界意义的事件的影响。我和李军教授有一个共识，就是新冠疫情会使我们反思很多关于中国艺术史学科的东西。可以说，疫情发生的这几年，我对艺术史的思考发生了一个根本性的变化。我现在觉得，过去一百多年形成的艺术

史学科，作为一个现代学科在未来一定会发生根本性变化。当
然不只是艺术史学科，我想其他很多人文学科都会因为这几年
的巨大历史事件而被重塑。因此，我们现在做的很多工作实际
上是对未来的艺术史的一些预想。在我思想上的这个变化发生
之前，我其实一直尝试着用经典的现代艺术史研究方法进行研
究，每一篇都尝试不同的方法，比如你刚才提到的《蒙元时
期墓室的"装饰化"趋势与中国古代壁画的衰落》以及早年那
篇《幻化艺术——艺术史方法论的一次实验》，就是在尝试把
李格尔的形式主义方法运用在中国艺术研究上。形式主义以及
对其进行修正的后形式主义一直是我感兴趣的一个方法。另
外，《半身像与社会变迁》以及《中古佛教艺术中的肢体语言》
则是想尝试类似于阿比·瓦尔堡（Aby Warburg）"哀感程式"
（Pathosformel）的一些研究手段。而你提到的近来的《青绿大
地的诞生——敦煌壁画色彩演变探赜》等文章是得益于后现象
学对于技术制作等问题的关注。

这些是疫情前我写作的三个平行兴趣。现在我更关心的是未
来艺术史如何书写的问题。也就是说，除了继续现代学科的
实证主义研究，我们还能不能平行发展出另一种艺术史写作
模式？这可能是我们现在迫切需要思考的一个问题。

李：那么有关这个问题，您目前是否已经有了一些相对明确的经验和结论？

王：我想这是世界范围内艺术史家们都在思考的问题。未来艺术史除了现在这种通行的扎实、理性且笃定的实证主义写作，可能还需要一种更为诗意、更加投入、更为不确定的语言。艺术史学科研究的对象与其他历史学科不同，是艺术，所以未来艺术史家需要尝试真正有别于其他历史学家的写作语言。可以确定的是，它与我们现在的写作语言有根本的不同，但它是怎样的"诗"，还有待继续探索。

李：有人已经尝试过这种写作了吗？

王：有的，其实很早以前就有人尝试过了。在举例之前，我想强调，这种诗意写作并非"美文"层面上的。亚历山大·内莫洛夫（Alexander Nemerov）或者T. J. 克拉克（Timothy James Clark）等艺术史家创作的美文，并不是我说的诗意写作。我想到的是阿德里安·斯托克斯（Adrian Stokes）或者乔治·迪迪-于贝尔曼（Georges Didi-Huberman）的作品。美文和诗意写作的区别在于，前者以修辞包装本不具有诗意的艺术品，

［1］参见：Adrian Stokes, *Stones of Rimini*, London: Faber & Faber, 1934.

［2］参见：Georges Didi-Huberman, "The Detail and the Pan", *Confronting Images: Questioning the Ends of a Certain History of Art*, Penn State University Press, 2009.

［3］Adalbert Stifter, *Der Nachsommer: Eine Erzählung*, G. Heckenast, 1857; Wendell Frye, *Indian Summer*, Peter Lang, 1985.

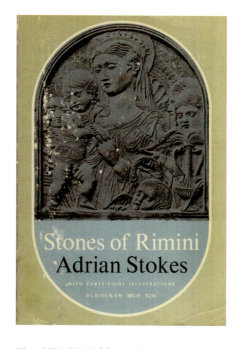

图3 《里米尼的石头》（1988年重印本）

其着意点在于文字，在于显示作者的写作功底，是以人为本的，甚至是自恋的；后者以精准的文字传达作者对于作品的感受，其着意点在于作品本身，读者透过文字看作品。"非人的"艺术品是这类艺术史叙事的主人公和主要施动者（actant）。你能够通过文字感觉到，作者花了相当长的时间去观察作品，这甚至可能是持续了一生的观察。他们所追求的，是向读者传达内在于艺术品观看的那一不确定性。斯托克斯的《里米尼的石头》就是这类写作的一个典范（图3）。[1]迪迪−于贝尔曼的《细节与斑块》也是一个非常好的例子：诗意的艺术史写作，让读者强烈地意识到，在作品面前，我们必须臣服于作品。[2]我甚至会建议每一位关心未来艺术史写作语言的人，都去读一读施蒂弗特的小说《晚夏》，感受一下他是如何把非人的物推向前景，让人成为背景的。[3]

李：这让我想到一个非常有趣的问题。我想读过您研究成果的学者可能都会注意到，在您探索一种新的写作模式的过程中，有一些出现频次很高的并且很特别的关键词，比如我们在艺术史研究中不太被关注的："体验""惊奇"，又比如类似于法律学中的术语"见证""证词"。为什么要强调这些概念以及方法的价值？您认为它们对于艺术史写作和研究的意义是什么？

王：没错，其中"见证"尤其是我最近几年在写作和教学中倾向使用的一个关键词。谈到这个问题，我想还是得回到我个人的经历。因为我自己并没有接受过艺术创作的系统训练，所以每当面对艺术品——壁画也好，雕塑也好，建筑也好，相比于具有动手能力的艺术史家，就会显得比较迟钝。我需要观看很长一段时间之后，才能发现一些问题，这是我在研究中的一个劣势。从本科到博士研究生阶段，我是作为学者而不是艺术家被训练和培养的。在很长一段时间，我和大部分学者一样，关注点集中在图像志、图像学层面上的问题——通过发掘文献，从大的历史、社会、宗教背景来解释图像的含义。那么，回到我们的问题，正是因为这些，我过去几年一直有些困惑，就是如何去面对我们目前的工作方式所带来的问题。我把这一问题称之为"学者的异化"，即我们总是关注艺术背后高深的、标准的学术问题，以至于我们感受不到、捕捉不到艺术品本身了。所以近几年，我给自己设置了一个目标：有没有办法去谈作品本身？有没有办法去描述作品本身给我们带来的"惊奇"？这也就是为什么我觉得"见证"是重要的。当然，早就有学者、思想家注意到了"见证"的重要性，比如保罗·利科（Paul Ricoeur）。"见证"貌似简单，但比如，你看见某事发生了，让你站在法庭上重述你看到了什么，你要提供一个诚实、真诚的证词。它是真诚的证词，不见得是对还是错，重要的是真诚，你真的看到了什么、听到了什么——这是你要交代给法官和旁听者的。这其实是很难的一件事情。我觉得有时候，对于一位艺术史家来说，最难的恰恰就在于提供一个关于艺术品的真诚、诚实的证词。你究竟看到了什么，体验到了什么？如何用词语来准确传达你的所见？你透过作品看到的其他的东西，诸如你看到了唐宋转型、看到了权利与不公等，这些当然与作品有关系，但不是作品本身，我们能不能谈回作品本身？我想这就是为什么"见证"对我而言十分重要。

李："见证"是某种返璞归真，看似简单，实则很难。我想除了您刚才提到作为学者个人的素养和修为，如今还有一些现实的问题：随着网络技术发展所赋予的虚拟化、数字化的便捷，以及近年来疫情造成的交流方面的阻绝，直接去面对实实在在的艺术作品好像很奢侈了。我们想要和能够做一个"见证者"似乎变得更加困难。您是如何看待这些现实因素对于艺术史研究的影响？

王：没错，你确实指出了一个很关键的问题。疫情之前，我们虽然对全球化抱有极大的偏见，但也会觉得全球化势不可当。从理论上讲，我们可以亲自到世界的任何一个地方去体验任何一个艺术品或遗址。但现在看来，短时期内这是否还有可能都未可知，未来一段时间，我们都不会再像疫情前那样相对容易地在世界范围内去实地考察艺术品了。你提到了数字化带来的负面影响，但数字技术是把双刃剑，我对数字技术的潜力还是抱有希望的。比如，几年前我去阿旃陀石窟，在昏暗环境中，第一次真正感受到了石窟壁画的"凹凸"效果。这种中古文献中所谓的"摽摽然"效果是在强光照明下或长时间曝光而拍成的照片之中完全感受不到的。这种黑暗中的现场感，我想印度的学者是否以后会运用数字技术达到一种虚拟的沉浸式还原？这样我们就不必亲身去现场，也能体验到壁画原本的效果。数字虚拟技术在破坏我们的传统生活和治学方式的同时，会不会也是我们的出逃之路呢？至少我个人还是对这种技术充满了向往和期待。

对了，我想还是回到"见证"这个话题，做些补充。我觉得对于见证能力的培养，一方面是为了我们以后艺术史转向做的一个准备；另一方面，作为教育工作者来讲，我们也有责任培养现在的大学生普遍缺失的"感受力"。这不仅是感受艺术的能力，更是感受日常现象的能力。我把这种能力称为"见证"能力，艺术史在这一能力的培养上有自己得天独厚的优势。"见证"也是我们广州美术学院艺术与人文学院大一基础课程"艺术·技术·学术"的关键词。见证能力的培养不仅仅是关于重塑艺术史这个学科，更是关于如何培养年轻一代的问题。

李：借由您所谈到的对于学生培养的问题，同时，也是"见证"话题中另一个重要的问题：强调一种感受力，是否意味着"反致知"？还请您谈谈在培养见证能力的过程中应当如何处理"感受"与"致知"的关系。

王：好的。首先，"反致知"反的是文艺复兴以来的现代西方致知方式，现在很多学科都在关注我们要如何重新撰写人类知识史的问题。"知识"对于现代人而言，一方面意味着博学，但另一方面它的定义又非常狭窄。我们要反思的是，重新写作知识史时，到底哪些是要被包含进来的？"感受""情感"等是否属于致知的范畴？比如我们刚才谈到"制作"，就是"making"这个问题，以前我们写知识史就不会把工匠的制作过程当成知识，但是我们今天回头看，会发现这部分肯定应当被包含进来。我为什么会强调反致知或非致知呢？尤其是在艺术史研究当中？我主要是想将它作为对自己的一种警醒。在今天，不要说是大学老师，就连很多大一本科生也可以通过手机、电脑等快速获取到大量相关学术信息，与此同时，这些年轻人的感受能力却变得前所未有的迟钝。所以，现在问题的关键还不是说让学生去学习如何获取知识（这当然很重要），如何变得更博学，而是如何重塑"审美教育"的问题，更准确地说，是如何重塑"感受力"的问题，这是我们这个时代最需要的。当然，每个教育者对此的感受不同。我个人就经常会感受到自己知识积累过多所带来的感受力丧失，所以得时不时警醒自己回到感受本身。

李：您丰富的教学研究工作和独醒的反思是十分具有启发性的。我想，在整个过程中，您一定也会思考什么是理想的艺术史以及如何实现这类艺术史等更为根本性的问题吧？

王：为了更好地回答你的这个问题，我想我可能要从一些现实交流场景谈起。我一直在美术院校工作，经常遇到的问题就是要说服我的艺术家同事一件事情：其实我们艺术史家也是艺术家，只是我们工作的媒介不一样，是文字。在我看来，一所优秀的美术学院应该由两类艺术家组成，缺一不可：一类是实践艺术家，如视觉艺术家、设计家、建筑师等；另外一类就是我们文字艺术家。我认为最好的艺术史，它本身就是艺术品；最好的艺术史家首先是艺术家，之后才是学者、历史学家。

一流的实践艺术家有着非常敏锐的感知力，他能很快感受到的不仅仅是当代艺术所面临的问题，更是我们这个世界、我们人类正在面临的问题，并且他能够用最准确的形象把这些问题展现出来，他们是瓦尔堡意义上的"地震仪"。这样的艺术家是我十分敬佩和羡慕的，这样一些能力也是我们艺术史家最需要从他们身上学习和汲取的。举一个例子，在过去的一个多世纪，不论是在西方还是在中国，都有一种对人类高雅文化的不满，诸如后现代主义、解构主义等思潮都源于此。有人走得更远，表达出了对人类文明的不满，试图解构整个人类文明史，比如近几年在汉语学界相当流行的大卫·格雷伯（David Graeber）。我把它总结为一种"返祖"倾向，就是说，返回到人类诞生之初，让文明重走一遍，这样人类的种种问题就可能解决了。不少的一流艺术家通过创作"类旧石器时代"的艺术作品，让这种蔓延的"返祖"气氛变得可触，变得实实在在。因此，如果实践艺术家和艺术史家之间能够互相促进，互有助益，这可能对双方都是一个比较理想的工作途径，至少理想的艺术史会得益于这种交流。

李：如果说通过交流达到促进艺术史研究更多维度、更理想地展开是您给出的宝贵建议，那么在您看来，当下国内外艺术史研究中的一些困境和危机是否也潜藏在交流这个环节上？

王：或许可以这么来看。应该说，中国艺术史学者与世界其他国家艺术史学者其实面临的问题是一样的。这才会在过去二三十年里，有许多关于全球艺术史、后全球艺术史、跨文化艺术史甚至地球艺术史等各种讨论。其实，这都属于前边我们所说的对艺术史学科"现代性"的超越。那么谈到艺术史学科的"危机"，首先，我们要承认我们这个学科是人文学科中一个非常小的学科，按照迈克尔·巴克森德尔（Michael Baxandal）的说法，是个"轻量级学科"。即便如此，和其他学科一样，我们也要非常警惕学术上的"新保守主义"（Neo-conservatism）。无论是在西方，还是在中国，这种以"保护传统"之名出现的"新保守主义"都存在，它有时假扮成"精英主义"，有时和"民粹主义""反智主义""煽情的民族主义"赤裸裸地结合在一起，这是很危险的一种现象。它是一种故步自封的态度，即拒绝倾听别人在说什么、在思考什么。比如说，"西方的方法论凭何被用到中国传统美术"，或者，"中国、日本或者印度的艺术分类传统，对讨论西方艺术毫无帮助"等排他的论调。在一些更大的学科那里，这一问题更加明显和突出。

最近学界在热议《学衡》杂志创刊一百周年，其实，无论在西方还是在中国，这种平衡各种传统的工作远没有做完。我想未来艺术史的研究比以往任何时候都更有挑战性——我们研究中国艺术史，如果不了解西方及其他国家的艺术史，就很难看清自己的艺术史。这一问题在过去可能并不那么明显，但世界已然变成了今天的这个样子，这就变成了一个不可回避的问题。我们近年来在国内做跨文化艺术史、全球艺术史的推广工作，也正是因为越来越意识到，只有借助他者的视角、他者的艺术传统，才能够让我们真正了解我们自身的传统。

过去几十年国学的复兴，对于中国传统文化价值的重新认识，恰恰得益于这几十年我们对西方以及其他传统更为系统的了解。这项了解他者、理解自身的工作还是要接着往下做。

李：在警惕学术上的"新保守主义"的同时，对曾有过众多讨论的艺术史学科边界的标准问题，您觉得在当下是否仍然值得讨论？我指的是学理层面的。

王：对，你抓住了一个很关键的问题。我想我们艺术史家在思考这一问题时，最好还是超越艺术史去思考——实际上，其他所有现代学科都面临着同样一个问题。现在，我们面临着很复杂的局面：一方面是学科界定（什么是艺术史？）；另一方面，在后疫情时代如何超越这个现代学科的边界？从表面上看，这两方面是冲突的，但在学者个人的实践中，它们却是并行不悖的两件事情。我们在从事具体的艺术史研究的时候，都是一方面在界定艺术史，一方面又在解构它。我前面一直在强调，界定任何一个现代学科的终极目的，都是最终如何解构西方现代性、解构西方现代性在各个领域的殖民主义。至于什么时候我们能超越这些现代学科，建立一个全新的知识体系，可能不是短期内能够完成的，也许一百年甚至更久。

李：您说了解他者、理解自身的工作还要接着往下做，具体的途径可以是哪些？

王：我想这个问题要从两个角度来思考：一个是从学术群体的角度，我们学术群体要了解西方以及其他非中国传统，来更好地构建我们的学术格局；另一个是从个体学者的角度，你要了解他人在做什么，以此来更好地理解自己的学术。具体实施时，也涉及两个层面。从学术群体层面来说，我们要把最有才华、最有抱负的年轻人集结起来，去分头系统梳理各个艺术史传统——对于未来中国艺术史的良性发展，这是必须的。在个人层面，尽量保持一个开放的心态，尽量去了解更多的艺术传统，尽量去耐心倾听别的学者的意见。当然，对于个体学者来讲，要了解和学习自己的传统已经很难了，现在又需要去了解其他的艺术传统，面临的挑战就更大了，不是短时期就能完成的。年轻一代的学者要给自己一些耐心，要做好打持久战的准备。

李：从您的讨论中平行引申出另一个相关问题：曾在巴克森德尔口中是"轻量级学科"的艺术史研究，或许在其他学科日益成长和完善的今天，我甚至感到用"羽量级学科"来描写艺术史更为准确，它在当今最重要、最不可替代的学科价值究竟是什么？我们在一个小的学科里工作，如何发挥它"四两拨千斤"的潜力？

　　王：其实我们上面已经涉及了这个问题，我再做些强调和补充吧。我喜欢"羽量级学科"这个表达——我们这个学科因为各种现实的原因，比如工作市场小，成为一名专业艺术史家又耗时耗力，所以坦白来讲，它只能是少数人从事的小众学科。不过刚才我们聊过，和其他学科相比，艺术史得天独厚的地方是对于年轻人见证能力及感受力的培养，这是其他学科所取代不了的。"形象"并不仅仅存在于教室的屏幕上和书本里，形象在现实中无处不在——所有社会现象都是"形象"。那么，培养形象感受力的最终目的，实际上就是培养对于社会现象的理解能力。在这种意义上，艺术史教育是人文教育不可或缺的组成部分。

李：跟您聊了这么长时间的写作、学科问题后，其实我对您个人的工作也非常好奇。您好像在有选择地做翻译工作，既有"新艺术史"学派的《蒂耶波洛的图画智力》[4]，也有系统介绍迈耶·夏皮罗（Meyer Schapiro）成果的《艺术的理论与哲学》[5]，还包括最近大部头的有关全球艺术史书写的《真实空间》[6]。您是出于怎样的考虑来

[4]［美］斯维特兰娜·阿尔珀斯、［英］迈克尔·巴克森德尔：《蒂耶波洛的图画智力》，王玉冬译，南京：江苏美术出版社，2014年。

[5]［美］迈耶·夏皮罗：《艺术的理论与哲学》，沈语冰、王玉冬译，南京：江苏凤凰美术出版社，2016年。

[6] David Summers, *Real Spaces: World Art History and the Rise of Western Modernism*, Phaidon Press, 2003.

进行这些翻译工作的？您选择这些译著的标准是什么？

王：好的。这也可以从"了解他者、理解自身"这个角度来回答。回国之后，我之所以会承担这些翻译任务，有个人考虑在其中。翻译跟平时的阅读不一样，很多时候译者需要佯装成原作者，需要对每个字词和全书的整体追求有精准的把握，最后再用最精准的中文进行移译。我想利用翻译的机会，来仔细阅读我一直想细细品读的经典，所以在选择原著上是有考量的。我在芝加哥大学的时候就确定下来将来要翻译哪些人的著作，比如大卫·萨默斯（David Summers）、迈克尔·巴克森德尔、斯维特兰娜·阿尔珀斯（Svetlana Alpers）以及斯托克斯的著作。选择萨默斯、巴克森德尔这两位文艺复兴时期的艺术史家，是因为我一直坚信艺术史学科的基础、分类以及思维框架都源自文艺复兴艺术史。我们想要真正把握现代艺术史学科，就一定要对文艺复兴艺术史有一个很好的把握。这个亚学科有多年的历史，著述不计其数，即便是专家也不可能阅读所有相关著作，所以就必须选择经典来研习。以我所见，在过去半个多世纪，艺术史领域最杰出、最有创见的学者（如巴克森德尔、萨默斯）基本上都来自文艺复兴艺术这个方向，他们是改变了艺术史走向的一批学者。我在学生时代认真阅读过他们的著作，当时就有强烈的愿望要把他们介绍给更多的青年学者，回国之后机缘巧合碰到了很好的机会，就做了这些翻译工作。

关于斯托克斯，我可能还要多说几句。巴克森德尔后来任教伯克利，但他代表的完全是英国艺术史传统。我在博士研究生阶段后期，开始对北美的艺术史方法论、治学手段以及整体追求发生怀疑，开始意识到英国、法国、德国、北美等艺术史传统之间的差异。我一直希望有机会去梳理英国艺术史传统。我知道，国内外一些学者已经关注到这个议题，比如大卫·卡里尔（David Carrier）和周宪。不过，我的关注点可能与他们的不同——从约翰·罗斯金（John Ruskin）、沃尔特·帕特（Walter Pater）开始，经过斯托克斯、赫伯特·里德（Herbert Read）一直到后来的巴克森德尔，这些人都是极好的作家，但同时又对艺术批评（包括艺术史）抱有特别矛盾的态度——在他们看来，文字永远无法真正接近艺术。这就导致了他们文字中的一种"焦虑感"。所以，如果以后有机会能写一本相关的书的话，我一定会叫它《英伦的焦虑》。（笑）。在这个系统里，斯托克斯可以说是最有特色、最具才华的，我希望将来有时间可以把《里米尼的石头》翻译成中文。

李：那真的是非常期待它能够早日付梓。这些翻译工作做下来之后，您觉得它跟您个人的研究是怎样一种关系？

王：我的主要研究方向是中国中古艺术史，我把我的翻译和我的研究看成一种相互促进的关系。比如说，翻译萨默斯的《真实空间》给了我一个机会去静下心来阅读此书以及他所发表的所有文字，仔细去观看他的绘画。我们知道，《真实空间》涉及了人类自古至今多个艺术传统，萨默斯和大多数后现代学者一样，对西方现代性的危险有所警觉。但对我触动最大的，是他写作这样一部巨著背后的个人追求，可能连他自己都没有意识到这个追求——他多年间对各个非西方艺术史传统的观察和思考，为的是理解西方艺术史传统，这就又是"了解他者、理解自身"了。如果你想让我用一句话来总结萨默斯所认为的西方艺术史的本质，那我可能会说：他认为，西方艺术史就是"光的艺术史"；在西方，对光的表现，对光的理解，对光的运用，从古典时期到当下的艺术，从来就没有中断过。这样的一个思路会促使我反观中国艺术史，如果"光"是一个普遍的自然元素，西方艺术史如此看重光，那么我们中国艺术传统是如何看待"光"、处理"光"的呢？在另一方面，我自己对南亚艺术史和中国中古佛教艺术史的研究，又能让我在萨默斯对于非西方艺术的论述当中甄别出不少的谬误。在完成《真实空间》我负责部分的最后翻译时，我曾经在工作日记里写道："这是一部偏颇的全球艺术史，萨默斯最终仍然没能摘下西方艺术史的有色眼镜。但是，如果来自不同传统的艺术史家都能如此用心地去分头书写偏颇的全球艺术史——即便各自带着自己的有色眼镜，那么一部真正的全球艺术史可能最后真的就能出现了。"

李：我想您的这些思考是不是会在正在撰写的《云身》《斗艺》《平远》三部专著中有所体现？您称之为"中古艺术三部曲"的这三部作品讨论的话题是什么？

王：这三部著作代表了我理解中国中古艺术史的三个角度、三种不同方法。《云身》是我早年研究半身像项目的延续，写作时断时续，到现在也没有完成。为什么使用"云身"一词呢？因为在民间画工话语体系里，它被用来解释半身像的形式——下半身被云遮挡住了。民间艺人保留的这些术语有非常古老的词源，"云身"这个词的来源就可以上溯到中古早期。半身像在中国出现，得益于印度佛教和"天竺艺术"的传入，我想将"云身"作为一个线索，重新梳理从佛教传入中国一直到明清这段时期里中国精神史的演变。在方法上，它是通过一个视觉线索（或者按照瓦尔堡的说法，一个"哀感程式"的线索），去梳理史料。这部书最终的关怀是，佛教以及佛教艺术如何从根本上改变了中国艺术史以及中国精神史的走向。第二部书《斗艺》是我做了多年的凹凸画项目的延续。它主要讨论，南亚艺术品与技法进入中国之后，如何改变了中古中国人对于绘画和雕塑关系的理解，比如在中古时期出现的"道子画"和"惠之塑"孰高孰低的问题，就是在这一大背景下产生的。绘画与雕塑之间的竞争（paragone）在艺术史上很常见，比如我们熟知的意大利文艺复兴时期的斗艺。除此之外，这本书还涉及前佛教时期的陶俑跟佛教进入之后的彩塑之间的张力，织物与绘画之间的竞争等一系列艺术媒介之间斗艺的话题。第三部《平远》会是非常个人化的一部著作，主要是写给我的家人的。虽然目前不知道什么时候能完成，但我已经想象出了它的大致面貌。"平远"构图出现于中古晚期，在中古画论和诗歌中，对于"平远"的讨论也非常多。我会探讨"平远"如何在中古出现，人们如何接受"平远"这一技法等问题。但我最想探索的，是"平远"背后潜在的"逝者如斯"意象。在不少艺术史和文学史传统中，"下视""平远"等景象都是表达生命流转与时间流逝的一个重要手段。之所以说这会是很个人化的书，是因为在这个项目刚刚开始的时候，我经历了丧亲之痛，搜集、阅读、观看、思考"平远"现象，一度是我自我疗愈的一个方法。我在我的工作日记里，曾经把这本书称为《平远——站在死亡的高度》。

李：除了构思写作，我记得在去年广州美术学院举办的"十六至十九世纪中外艺术交流"首届高峰论坛上，您做了一个主题发言"全球艺术史视野下的十六至十九世纪中外艺术交流"，可以说也是您对于全球艺术史话题最新的系统思考。在发言中，您提到了诸如"神经元艺术史""北大西洋艺术史""地球艺术史""生态艺术史"等有趣话题，甚至提出了要做"更缓慢、更谦卑的艺术史"的观点。某种程度上，这些议题已经超出了16—19世纪、中外这样一些该论坛所限定的时空，能否请您对这次发言做一个简要的回顾和介绍？

王：是的，现在有好多种说法：全球艺术史、跨文化艺术史，也有人喜欢沿用更传统的说法——世界艺术史。萨默斯的《真实空间》出版后的十几年时间里，这几乎是最热门的一个艺术史话题，只是这几年才有所降温，现在最热的关键

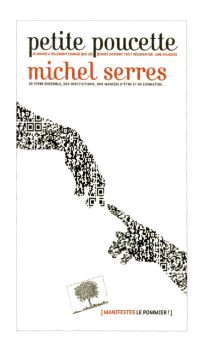

图4 《拇指一代》（2012年版）

词是"地球艺术史"（Planetary Art History）。我当时的这个发言是想给参会的科技史学者、文物保护专家、博物馆专家以及广州美术学院的学生介绍一下全球艺术史的来龙去脉，它曾经的追求以及它的未来。我在发言中强调了一点，我们现在所说的全球艺术史或者跨文化艺术史与20世纪国内学界盛行的东方学框架之下的中西交通史、中外文化交流史有着本质区别。后者关注的是特定物品、特定母题图像从甲地到乙地再到丙地进而到丁地这样一个传播路线的复原，是一种实证主义研究，其前提是博闻强识，对于资料的大规模占有。在20世纪八九十年代，我上大学和研究生的时代，它是炙手可热的一门学问。但是，过去二三十年，数码技术给学界带来极大的震荡。我在会议上谈及了法国哲学家、科技史家米歇尔·塞尔（Michel Serres），尤其是他的著作《拇指一代》[7]（图4）。前边我们也谈过，对于伴随着手机、电脑成长的新新人类来说，对于技术成为生命的最重要组成

7]［法］米歇尔·塞尔：《拇指一代》，谭华译，上海：华东师范大学出版社，2015年。

部分的这一代人来说，对知识的索取和占有方式已经发生了变化——不可否认，资料的获取变得容易了。所以说，"博学""实证"对年轻一代学者来说，已经不是关键词了，现在的关键词是"纠缠"，即研究世界不同文化传统如何相互纠缠的历史。这是过去二三十年整个史学界的走向，所以全球艺术史的出现，空穴来风，事出有因。

詹姆斯·埃尔金斯（James Elkins）曾经对全球艺术史的研究路数进行过总结和批判。[8]他认为，若要超越之前以北美为主导的"北大西洋艺术史"，就必须书写全新的全球艺术史。但我个人认为，埃尔金斯版的"全球艺术史"，带有太多寻找异域情调的老牌人类学家的气息——尽管他自己永远不会认同这种说法。比如他所谓：全球艺术史写作不应该由受过西方学术传统训练的学者来完成，而应该是居住在例如像格鲁吉亚某个偏远城市，从未参加过国际艺术史会议的学者来写就。我个人完全无法认同这样的观点，而且坦白讲，这也是非常不负责任的一种主张。我在上面不断强调，真正的艺术史，包括真正的全球艺术史，必须是对几个艺术传统进行了深入比较研究之后，才能写成。

[8] James Elkins, *The End of Diversity in Art Historical Writing: North Atlantic Art History and its Alternatives*, De Gruyter, 2020.

至于另外一个极端版本的全球艺术史——"神经元艺术史"[9]，它是结合了认知科学、认知心理学、大脑解剖学的艺术史，其前提是人类认知观看背后视觉神经元工作方式的一致性，艺术史的"全球性"就应建立在这一基础上。但是，这个版本的全球艺术史写作最后的成败，真的和每个作者的资质及追求有很大关系。最低级版本的"神经元艺术史"会把人类理解成一种机械构造，看似拥有人文主义维度，但实则毫无人的维度。顺便提一句，虽然有人将巴克森德尔也视作"神经元艺术史"的书写者，但我觉得这是对巴克森德尔最大的一个误解。

那么，为什么全球艺术史在过去几年有些失势？这跟"生态艺术史"或者说"地球艺术史"理论的兴起有关。在这个新潮流中存在着两种路数：一个是迎合环保主义的路数，在过往的艺术史材料中寻找和环保主题相关的图像，比如在宋画中寻找对于森林植被的破坏现象；另一个是从自然时间来关照人类艺术制作的历史，将"深时"（deep time）、"衰败"（decay）引入艺术史的叙事当中。过去，如果我们写一个佛教石窟的全史，我们会从公元5世纪它的开凿开始，接着是它如何被沿用到公元10世纪；再后来，石窟被树木或沙尘

9］［英］约翰·奥尼恩斯：《神经元艺术史：从亚里士多德和普林尼到巴克森德尔和萨基》，梅娜芳译，南京：江苏凤凰美术出版社，2015年。

淹没；再后来，它被重新发现，成了世界文化遗产，变成了
世界热门的旅游点之一，等等。但是，当你把它放在"深
时""衰败"的叙事中，这个石窟的故事可能就得从地球的产
生开始，从岩石、树木的出现开始，直至未来的某时它的再
次衰败、死亡，再次被自然吞噬。人类活动在这样一个生态
艺术史叙事里变得特别渺小，人的艺术创作史就更加微不足
道。阅读这样的艺术史，人没法不谦卑。这后一种路数，我
非常敬佩。去年年底，在纽约大学的工作坊的一个报告中，
我尝试用这样一种方式来观察大足宝顶山石窟这个个案，谈
到它的诞生、死亡、重新被发现、变成世界文化遗产，并预
想了它的再次死亡。在这个叙事里，非人的树木、石头等是主
角。我正在尝试将这个报告转化成正式的文字，文章暂定的名
字是"树/石头/人"（*The Lithic and The Arboreal that Make Us
Human*）。以"非人"为主角的叙事，对于写作能力有着严苛
的要求，希望我对斯托克斯的《里米尼的石头》，以及理查
德·鲍尔斯（Richard Powers）的《树语》[10]等小说的不断阅
读，能够带给我一些灵感（图5）。

[10][美]理查德·鲍
尔斯：《树语》，陈磊
译，南京：江苏凤凰文
艺出版社，2021年。

李：正如您刚才提到不同阶段艺术史内部存在的热门、时髦话
题。我也时常感到每隔一段时间，就会出现一些流行风向标。它

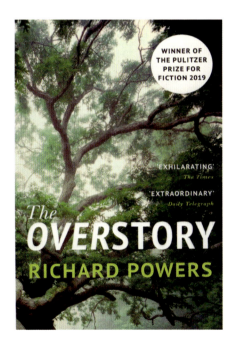

图5 《树语》(2019年版)

们有时是这个领域中最新锐、最重要的讨论。但是，我同时也会很清醒地意识到自身在某个领域或话题的深耕的重要性。时刻追赶学术潮流固然不对，而如果只沉浸在自己专注的一个小领域又会脱离这个时代的学术追求，那么，如何在自己的研究中去有效地转化前沿性的艺术史成果呢？您有哪些好的建议？

王：你用"风向标"这个词非常有意思。我非常理解你的这种焦虑——现在，数码及网络技术的发达使得我们即便身处世界最偏远的地方，也能第一时间听闻最前沿的理论，不仅艺术史，其他学科更是如此，让人随时感到自己落伍了。

但让我们换一个角度来看这个问题。作为一个人文学者，"博雅"是必须的品质，关心并尝试回答人的基本问题是我们的责任。我们之所以要关注全球艺术史、地球艺术史、技术艺术史，不是因为它们时髦，而是因为它们再次提出并试着走近了人类诞生以来的一些最基本命题。在这个高度上去把握这些看似纷繁复杂的前沿理论，可能就不会产生那种疲惫、跟风的感觉了。如果我们的论文、著作不是为了去揭示甚至尝试回答这些基本问题，那么我们这个职业的意义何在呢？

李：好的，王老师。另一个相关的具体问题是，您认为作为一个勤勉的学者，比较好的工作节奏应该是怎样的，是均匀地写作输出？或是更加重视综合性积累后的灵感式写作？

王：这些问题，也是我想问的。我觉得我的工作和写作状态只能给我们的年轻同行做反面教材来用。（笑）。我总是同时展开多个论题的思考、材料收集、阅读，虽然这些年投入了大量的时间、精力在学术上，但工作效率极低，产出也非常少。从很早的时候我就养成了一个不是很好的写作习惯，就是不断记录片段式的灵感，永远不知道何时停止搜集资料，何时开始正式写作。可能文字已经累积到了几万字，但它仍然是片段的、不可读的，这就需要花很长时间去处理——这样一个写作方式，得不偿失。所以我特别不推荐这种工作方式，也希望年轻的学者引以为戒，年轻时候形成的工作习惯很难在后来改变。其实和作家一样，我们作为学术论文和著作的书写者，身兼"工作者"和"管理者"两个角色，我们自己必须在年轻时就学会如何高效地管理自己的工作。坊间有不少关于有效管理写作的书籍，我经常推荐给学生的一本，叫《缓慢写作的艺术》。[11]

李：我记得您曾用"三个李军"的分析来描述同样在跨文化艺术史领域中工作的李军教授的特质，令人印象深刻。那么，对于您的学术特质以及目前的工作状态，您会做怎样的自我描述呢？

王：（笑）。虽然前边我回顾了很多，但我觉得一个学者最看不清的就是自己，当局者迷。准确描述我的学术特质，应该是我自己很难做到的一件事情。不过，我可以大致描绘一下我的治学感受。我总觉得时间过得太快，总感觉自己一直处在研究生阶段，即便现在，依然如此。美国地理学家段义孚先生曾经说，自己当了N年教授之后，还是觉得自己是第N届研究生。我很喜欢他的这一表达，因为我自己就觉得始终处在一种"补课"的状态，一直尝试学习和弥补，这一弥补

[11] Louise De Salvo, *The Art of Slow Writing: Reflections on Time, Craft, and Creativity*, St. Martin's Griffin, 2014.

的过程可能永远也完成不了，到最后肯定也没法完成。但是真的，回头看就是这样，补课，补课，补课……（笑）这绝不是自谦，这和我们这一代人所受的教育有关，也和我个人所受教育有关。就我个人来讲，在年轻的时候，缺乏学术、写作、语言和创作等方面的系统训练。所以后来做艺术史时，挣扎就成了常态，以至于每一篇文章都是对过去的自己的一种修补或者说是修正。

我认为"补课"的这个"补"，其实某种程度上也真实地表达了很多中年学者都或多或少会体验到的"懊悔"情绪。比如说，这样的一个知识，或者是这么经典的一本书，这么关键的一个技能，如果我在20岁的时候就看到了和掌握了，那么50岁的我作为学者就会大不一样。但遗憾的是，人往往是到了50岁，才能意识到什么是20岁的时候该读的、该学的。

李：通过您的分享，我想在读者心目中理想的艺术史可能已经又多了一重维度。正如您所言，未来的艺术史或许是艰难的，但也是丰富多元的。未来的艺术史家是见证人，更是文字艺术家，或者更多重的身份定位。我想您在2022年伊始所带来的这一系列的思考，对于即将踏上这条道路的学子，无疑是一种莫大的吸引、挑战，同时伴随着谨慎和警醒。最后，再次感谢王教授为我们所做的精彩分享。

II

青绿大地的诞生

——敦煌壁画色彩演变探赜

关键词：

情动

青绿山水

基底

壁画

斗艺

引　言

在以绘画为主导的中国美术史书写中，佛教壁画在中古美术的分期、题材、风格等方面提供了材料上的有力支撑。目前来看，中古佛教壁画的艺术史论述，通常具有两个特点：

第一，叙事多着墨于既成品。也就是说，这种论述将作为一系列艺术实践最终结果的壁画成品视为一件既定之物。对风格、图像志的讨论，以及社会、历史和宗教文化等层面的图像学探讨，全部建立在既成壁画之上。除非在壁画技法教学、科技考古或文物保护等专业领域，否则，壁画的复杂制作过程很少会受到历代壁画论者以及现代艺术史学者的关注。

实际上，北宋的米芾已经意识到如此执着于壁画成品可能会造成的一些认知误区。他曾这样评价画家小孟：

> 关中小孟人谓之今吴生，以壁画笔上绢素一一如刀划。道子界墨讫则去，弟子装之色，盖本笔再添而成唯恐失真故齐如划。小孟遂只见壁画不见其真。[1]

小孟之所以误读了"画圣"吴道子，不仅因为他将"壁画笔"运用到绢画上，还在于他只关注壁画既成品，而忽视造成这一壁画成品的一系列复杂技法和制作程序，最终犯了东施效颦之误。

第二，现代学者在面对中古佛教壁画时，会出现两类不同的反

1］米芾：《画史》，与辅圣主编：《中国书画全书》二，上海：上海书画出版社，2009年，第260页。

应。第一类反应可称为"共鸣"（resonance），即认为这些壁画具有
一种力量，它可以超越自己，进入一个更大的世界之中，从而在论
者和读者那里唤起超越艺术品本身的各类历史语境。壁画出自这些语
境，它真正的意义不在于其自身，而在于对这些语境的彰显。第二类
反应是"惊奇"（wonder），即壁画令观众驻足的力量，这种力量可以
"传递出一种迷人的独特感，唤起一种令人兴奋的专注力"[2]。目前
的状况是，研究者（尤其是艺术史学者）多关注佛教壁画造成的"共
鸣"，较少从感觉开始，从"惊奇"开始，去接近作为艺术品的壁画
在观者那里所造成的"第一印象"和"情态"（affect）。

　　当然，这一状况不仅存在于佛教壁画研究中，而几乎存在于所
有艺术史论述之中。[3]弗拉德·约内斯库（Vlad Ionescu）从他所谓
的"现象学"角度，来尝试理解学术上的这一兴趣分野。他以坐在山
巅之上远眺风景的观者为例，解释说：

　　　　如果主体着意于一处风景中各组成部分的轮廓线，以及它
　　们之间的结构关系，那么去分析物体的兴趣就占了上风。如果
　　意识带着一种顺从开放的态度，着意于表征的整体，那么风景
　　的"情态特点"（Gefühlscharakter）便出现了。[4]

分析物体，就是对艺术品的语境进行复原、进行"共鸣"，而

[2] Stephen Greenblatt,
"Resonance and Won-
der", in Ivan Karp and
Steven D. Lavine (eds.),
*Exhibiting Cultures: The
Poetics and Politics of
Museum Display*, Wash-
ington D. C.: Smithsoni-
an Institution, 1991,42。
王玉冬：《永远的二次
航行——致后疫情时
代的美术史家》，《美
术观察》，2020年第10
期。

[3] Sylvia Lavin, "What
Color Is It Now?", *Per-
specta*, Vol.35（2004），
103.

[4] Vlad Ionescu, "Mood
(Stimmung)/Blandness
(Fadeur): On Tempo-
rality and Affectivity",
in Sjoerd van Tuinen
(ed.), *Speculative Art
Histories: Analysis at the
Limits*, Edinburgh: Edin-
burgh University Press,
2017,147.

"情态特点"则通常在第一印象中、在"惊奇"中获得。回到当下的中古佛教壁画研究，我们就会发现，艺术史学者通常会将探索壁画背后的"共鸣"视为学术之道，过分强调"惊奇"则往往会被认为是非学术的，至少是非艺术史的。倘若研究者凭借"惊奇"接近壁画，他就会显得主观，甚至多少有些业余。以下局面因而就出现了：倘若要真切感受敦煌壁画的"情态"，我们须要屏蔽对"共鸣"进行分析的冲动，要遏制对客观知识和资料进行占有的欲望，暂时搁置对图像内容进行阐释的既定习惯。

一、惊奇的青绿

　　莫高窟晚期洞窟壁画给人造成的"第一印象"就是它的青绿色彩（图1）。画面中的许多细节、大面积的山体和地面都使用了明暗不同的青绿。它吸引我们观看，冲击着我们的视觉感知，使我们眼花缭乱，我们的身体被这色彩淹没。视觉在此变成了一种带有触感的观看，一种身体感知。即使考虑到过去一千年里的颜色失真，这种印象与感觉依然存在。千年之后，这青绿依旧在昏暗的洞窟之中熠熠生辉，沉默地喧嚣。更加引人注意的是，面对着这些幽暗中的青绿，我们比任何时候都能强烈地感受到，昏暗的光线为何是壁画家宝贵的媒材，从而更加钦佩那位先哲的判断：色彩是"一种特定程度的暗"，"暗是色彩的适宜元素"，"一个被抑制的颜色，会走近阴暗，点亮阴暗，为它染上些许颜色，让它充满生命力"。[5]

　　毋庸置疑，在中古的几个世纪里，从沙洲城出发，经历了广袤戈壁、大片古今墓地的佛教礼拜者，在步入莫高窟、面对这青绿世界时，他们的惊奇一定比我们更加强烈。

　　本文要走近的正是敦煌莫高窟的青绿色彩盛宴。在这里，除了将青绿视为它所表现的事物（即大地、山水），还将它视为一种情绪——是观者的身与眼同这些壁画的协作，造就了这一青绿氛围（stimmung）和青绿情绪。[6]不过，这情绪和氛围只是一个起点，一个初步印象。接下来还要回答，这是否为敦煌壁画制作者有意营造的氛围？青绿氛围不见于早期敦煌洞窟，在它诞生的背后，有着怎

[5] 在此指的是歌德的色彩观，Rupprech Matthaei (ed.), Goethe's Colour Theory, trans. Herb Aach, London: Studio Vista, 1971, 87, 148.

[6] Friedlind Riedel, "Atmosphere", in Jan Slaby and Christian von Scheve (eds.), Affective Societies: Key Concepts, London and New York: Routledge, 2019, 85-95.

图1 莫高窟第85窟内景，晚唐（五代、元、清重修）

样复杂微妙的色彩思维、色彩感知和色彩行为？为了解答这些疑惑，我们将要优先考虑壁画材料和制作过程，将与历代敦煌壁画制作者共思，因为是他们的行为决定了他们和我们的感知。我们也要与壁画颜料共情，不是将它们视为需要作为主体的我们去判断的被动之物，而是视其为有着自己的生命、与艺术家的图画智力密切合作的"行动者"（agent）。

　　莫高窟青绿色彩盛宴的背后，潜藏着人类绘画艺术创作中的一个基本命题，即如何处理"形象"（figure）与"基底"（ground）之间的关系。[7] 中古的敦煌壁画家，清楚地意识到了这一关系在绘画创作中的重要性。在莫高窟，一如在印度早期石窟，佛教壁画基底在开始之际仅为一个位于人物四周或背后的"环境"或者虚拟的"某处"。[8] 它好似一个多义的或不确定的赭石色连续体，在服务着画面中的人物、建筑等具体形象，有时仿若一个地面，有时又似一个难以辨认的背景，有时又像主要人物后面的幕布（图2）。[9] 然而在后来的敦煌壁画艺术中，基底逐渐获取了一个独立地位，并开始与具体的形象相互竞争。原来意义含混的基底，渐渐变成了清晰的地面线甚至是大地，最终演变为今天我们所说的敦煌青绿山水——印度红最终被演绎为中国青绿。

[7] James Elkins On Pictures and the Words that Fail Them Cambridge: Cambridge University Press, 1998 pp.78-125; Gottfried Boehm und Matteo Burioni (Hrsg.), *Der Grund das Feld des Sichtbaren* München: Wilhelm Fink 2003,10-20.

[8] 环境（ambience）和虚拟的"某处"（somewhere）的说法，来自大卫·萨默斯（David Summers *Real Spaces: World Ar History and the Rise o Western Modernism* New York: Phaidon 2003,477,450）。试比较注释7。

[9] 这是世界美术史中很多绘画基底所扮演的角色，Gottfried Boehm and Matteo Burion (eds.), *Der Grund: das Feld des Sichtbaren*, 31.

图2　莫高窟第275窟西壁细节，北凉

二、天就的活笔

　　5世纪上半叶，莫高窟的画师与徒工开始创制佛教壁画时，当
地最流行的是用于地下墓室的几种壁上艺术——独立绘制然后装嵌
到墓室墙壁的画像砖（图3），以及大型墓室壁画（图4）。这些作品
是一系列工作坊实践的最终结果，其制作方法的源头至少可以追溯
到汉代。地下墓室及其装饰的各项营建工序，涉及挖掘者、砌砖工、
灰泥匠、线描师和赋彩工人之间的分工协作。在最后的绘画步骤，
无论是小型画像砖还是大幅壁画，大致都按照一个既定顺序来完成：
从制作浅色调基底层开始，随后由画师描画线稿，最后在这些单色
线稿上分类赋彩。

　　以4世纪晚期甘肃酒泉丁家闸5号墓西王母壁画（图4）为例，其
基底由一层细致均匀的绿土涂层制成，线描和色彩在此之上添加。
借助高清图片，我们近距离地去观察这些壁画，可以重新化身当时
的线描师和设色工人的角色，并虚拟地演绎他们的手的行为。[10] 线
描师用迅疾而连续的浅色线条，勾勒出各人物的粗略形状。接下来，
设色工人多次快速地将不同的颜色填在不同的人物和形状中，每次
只填一种颜色。在工作时，布色工一方面受制于具有强烈表征性的
轮廓线；另一方面，在赋彩的过程中，仍然可以将色彩独有的秩序
叠加在线描形式之上。例如，赋彩者在使用他们偏爱的土红色时，
并不会太多考虑图画题材的具体分类，它更多地与创造一个色彩韵
律有关。这韵律飘动在底层线稿之上，并与最后加于人物形体、富

[10] 当然，在一些情
况里，线描师和设色者
可能是同一个人。

图3　甘肃嘉峪关3号墓画像砖，西晋

图4　甘肃酒泉丁家闸5号墓西王母壁画，十六国时期

有节奏变化的粗细修整线彼此呼应，相互竞争。

　　很显然，首先铺设的那层浅色绿土使线描与色彩之间的竞争成为可能，变为一种可视现象。虽然这一绿土基底或它在其他墓室中的对等物（如白灰层）是图画构建的必要元素，但它们的具体所指是不确定、模糊和"开放""通透"的。[11]它们可能是天，也可能是地，也可能是天和地之间的某处。唯一可以肯定的是，画面上的具象事物位于户外。基底在营造着一种氛围、一种情绪，它无意指向任何具体的意涵和空间。与色彩一道，这个基底将氛围赋予了线条，与此同时，线条又将色彩交于氛围。正是由于这一吐纳交替，一种被后世所推崇的"天就，不类人为"的"活笔"便出现了。[12]

[11] 此即所谓的"开放的图画基底"（offene Bildgründe），它泛指中国艺术媒介（如书法和卷轴画）中大量使用的空白、未绘的区域。Lothar Ledderose, "Der Bildgrund in Ostasien", Der Grund: das Feld des Sichtbaren, 165-185.

[12] 我在此借用了英国人类学家因戈尔德（Tim Ingold）对于氛围的描写（https://www.york.ac.uk/history-of-art/news-and-events/events/2015/tim-ingold-reach-for-stars）。当然，"活笔"说出现得很晚，或最早见于沈括。（胡道静：《梦溪笔谈校证》卷一七《书画》，上海：上海人民出版社，2011年，第415页）

三、制作梵相

13] 这些莫高窟壁画
家可能曾经得到外来艺
术家的协助。Hsiao-yen
Shih, "New Problems
in Tun-huang Studies",
《"中央研究院"国际
汉学会议论文集》(艺
术史组), 中国台湾：
"中央研究院"历史语
言研究所, 1981年, 第
228—229页。

14] 马玉华：《敦煌
北凉北魏石窟壁画的制
作》,《装饰》2008年
第6期。莫高窟的壁画
墙面可与印度工巧及
建筑类文献中有关地
仗、涂层的记载相比
校, Jayanta Chakrabarti,
Techniques in Indian
Mural Painting, Atlantic
Highlands: NJL Humani-
ties Press, 1980, 13—37.

15] 此即学者所称的
"直接起稿法", 关于这
一时期的其他起稿方式
如千佛的起稿, 参见
马玉华：《敦煌北凉北
魏石窟壁画的制作》,
《装饰》, 2008年第6期。

5世纪早期的莫高窟艺术家，极有可能谙熟上述汉式壁上艺术的
知识与技法。当他们为本地及外来的佛教徒创作"梵相"——即印度
系统的壁画时，所面临的是一项既熟悉又具有极高难度的艺术任务。
对当地的营造者来说，开窟、造像、彩绘这一过程中所涉及的几类
专业技能早有先例。诸如准备墙体、制作灰泥、铺设地仗等活动，
大都存在于过去的墓室装饰活动之中，虽说墓室地仗大多制作粗糙。
真正的挑战在于，如何诠释那些来自印度中亚的设计小样（如可移动
媒介上的单色或彩色纸本或绢本粉本），之后将其放大，移译到新近
开凿的佛教石窟中的干灰泥墙面上。[13]

在北凉和北魏的数十年间，莫高窟的艺术家逐渐掌握了为佛教
壁画制作结实的地仗层的技巧。[14]好的地仗层由两层组成，底层厚
而粗糙，表层由沙、泥以及诸如麻等植物纤维成分构成，制作精细
且薄。之后，壁画便在这平整顺滑的"褐色面"（brown coat）上完
成。绘制工作从规划各主题在画面上的大致分布开始，浸染了土红
色颜料的长墨斗线被弹在墙面上，各个绘画区域便被规划出来。这一
步完成后，线描师就出场了。他一只手端着颜料盘，另一只手挥动毛
笔，用非常浅的红色颜料勾画出主要人物的粗略形状（图5）。[15]对
一位习惯于设计墓室壁画的画师而言，这一阶段的描画并无太多挑
战。真正的考验发生在接下来的那个阶段——他（或徒工）需要为人
物以外的墙面赋彩。在之前的壁上艺术传统中，将浅色调或者白粉

层基底暴露出来，任由它处于空白和未经彩绘的状态，一直是绘制
画像砖和壁画时所采用的常规作法。然而，为了遵循天竺之法，莫
高窟画师现在须用强烈的色彩去覆盖人物周围的区域。他们使用细
小的画笔，将土红色或朱红色均匀地平涂在人物以外的"褐色面"上
（图6）。借用中国画专业术语，这是一种"掏填"设色法。与后世
的工笔画家一样，此时的莫高窟画师在掏填色彩时，必须小心翼翼，
确保颜色不会干扰之前描画出的人物轮廓线。与此同时，土红地或
朱红地又必须均匀平整，不留笔痕。

　　壁面掏填一经完成，洞窟整体的色彩氛围就被确立起来了。淹
没观者感知的是温暖的印度红（图7）。

　　或许，掏填也是印度、中亚地区以及敦煌以东河西走廊上早期
佛教石窟壁画家所熟悉的一个技法。很有可能，阿旃陀石窟的赋彩
工匠就是用细笔刷将动物胶胶结了深紫、印度红、绿松色等蛋彩后，
仔细地掏填在了人物、树木等形象的周围（图8）。在壁画制作的整
个程序中，涂刷基底总是发生在勾勒人物形状之后、为人物塑形之
前，因此整铺壁画的绘制就像是古典油画创作一般，是从后向前被
逐步"抬升起来"[16]的。

　　南亚艺术史学者丝黛拉·克拉姆里施（Stella Kramrisch）对这类
以浓烈色彩构建起来的基底情有独钟，终其一生多次论及于此。[17]
其中，1937年她发表的关于阿旃陀石窟壁画彩绘基底的论述堪称经

[16]"抬升起来"
（working up）是用于描
写油画创作步骤的一
个术语，Ernst van de
Wetering, Rembrandt:
The Painter at Work,
Berkeley: University of
California Press, 2009:
32–45.

[17] Yudong Wang,
"The Relief Problem:
Some Notes from an
Art Historian", Ars Orientalis, 48(2018):172–
173,169–172.

图5 莫高窟第296窟北披壁画细节，北周

图6 莫高窟第257窟人物之外的土红色掏填，北魏（出自马玉华《北凉北魏时期敦煌的技法及
色彩构成》）

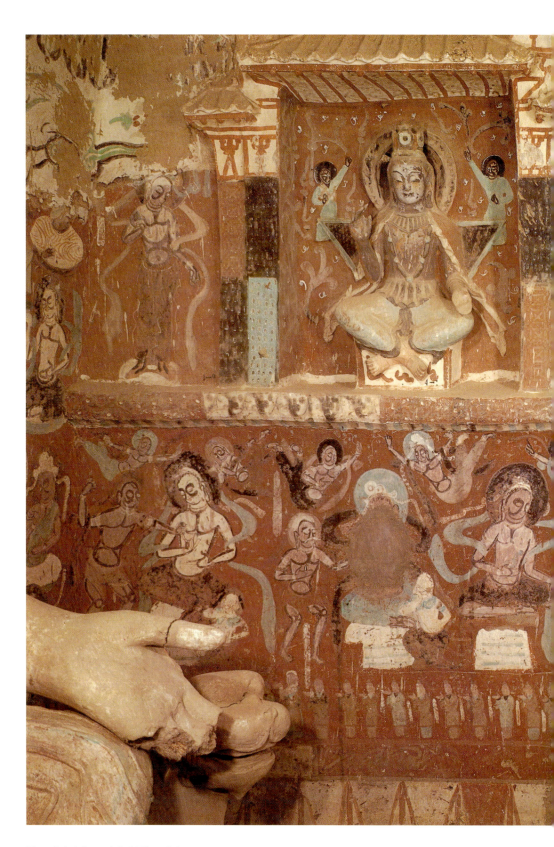

图7　莫高窟第275窟北壁局部，北凉

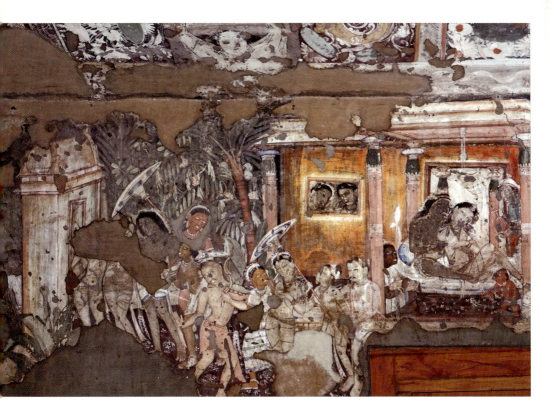

图8 阿旃陀石窟第17窟《须达拿本生》，5世纪后半期

典。在她眼中，这基底就是一个深紫、印度红或绿松色的表面，人物站立其间，在它的上面活动。由于它是位于宇宙中心的须弥山山坡的一部分，因此是倾斜的：

> 它饱含色彩，它释放着人物成熟的圆润感，遮盖了人物身后区域里的所有事物，人物正是从那个区域生发出来……它是一个基底，人物作为形式从那里逐渐成形。与此同时，它又是个地面，我们可以将人物视为站立其上的人物……人物以可触的方式，从一个不可视的深处被显现出来……从后面那深不可测的、横亘了这彩绘基底的深处，形式的内容被释放出来，变成为可触的……在形式那一逐渐显现的形而上之路上，色彩占据着首要位置——它就是那个基底，它含糊却又饱满。形状从它那里生发出来。

从绘画的本体论意义上讲，形状是第二位的。不过，从制作技术上讲，首先画的却是轮廓线，之后才是色彩。这程序上的必要区分，是为了在整体规划中给色彩确立一个位置。接下来的技术步骤，就是利用色彩和色调，用点、相交的线条和染的方式，给轮廓线进行造型。这时，人物有前突的地方，形状就会有前突，而在其他位置，彩绘基底仍保持着平整的状态，它充满着专属于它的密度，它的上面遍布着淡淡的点点花朵……空间的广袤被压缩进了色彩之中。[18]

[18] Stella Kramrisch, "Ajanta", in Barbara Stoler Miller (ed.), *Exploring India's Sacred Art: Selected Writings of Stella Kramrisch*, Philadelphia: University of Pennsylvania Press, 1983, 287–288.

［19］此指狄德罗的色
彩观，Tim Ingold, *The
Life of Lines*, London and
New York: Routledge,
2015,104.

［20］马玉华：《北凉
北魏时期敦煌的技法及
色彩构成》，《敦煌研
究》，2009年第3期。

［21］莫高窟的壁画中，
用于叠染的颜料后来氧
化变黑，现已很难体验
到画中人物身体的深
肉色逐渐"融入"土红
色背景的效果（第272
窟）；而在用于叠染和
掏填的颜料都发生氧化
变色的情况下，这一效
果就更加难以想象（第
254窟）。

［22］马玉华：《北凉
北魏时期敦煌的技法及
色彩构成》，《敦煌研
究》，2009年第3期。

［23］马玉华：《北凉
北魏时期敦煌的技法及
色彩构成》，《敦煌研
究》，2009年第3期。

"从绘画的本体论意义上讲，形状是第二位的。"支撑克拉姆里施这些说法的是一类非常特殊的现代色彩观念，即"线描将形状赋予所有的生物，但色彩给予了他们生命"[19]。

无论北凉、北魏的莫高窟画师是否认同克拉姆里施对于色彩的理解，他们的确遵循了她所复原的印度壁画制作次序。在完成了土红色或朱红色基底之后，他们会在暴露出来的人物身体部位刷上一层白色底色，之后用朱红色进行层层叠染，"由下向上，逐层加深、由内向外错位重叠、由浅渐深形成色阶，即渐变效果"[20]。在人物身体部位转入土红色或朱红色基底处，叠染的颜色最深，最后逐渐融入红色基底之中（图2）。[21]接下来，在鼻梁及额头等身体凸起部分进行提白。这一利用色彩来表现肌肤的作法，即是克拉姆里施所说的"给轮廓线进行造型"，也即中古汉译佛经和世俗文献中所言及的、为绘画增添浮雕效果的"凹凸"之法。[22]

随后的赋彩步骤，又回到了莫高窟当地画师所熟知的色彩思维和色彩实践，为壁画快速赋彩的场面重现了。白色、铜绿及石青被填涂于人物飘带、着衣和头光的边线之内（图9）。所有这些母题都属于统一的墙壁表面，它们是扁平的，所以无须具备人物肌肤的凹凸效果。与先前制作墓室壁画时一样，布色者每次只填涂一种颜色[23]，他拿着画笔的手从墙壁的一个位置迅速跳跃到另外一个位置，相邻的颜色区域之间因而也就不会出现彼此交融的现象。以莫高窟第254

窟南壁壁画（图9）中降魔变的色彩构成为例，画有石青色条纹的魔
军铠甲，并不与相邻人物的颜色呼应，反而回应着处于其他一些位
置的同一颜色，如佛陀头光和身光、佛衣裙边、魔女的飘带，甚至
包括降魔变之外的舍身饲虎本生画面中的佛塔塔檐等位置的石青。
在最终完成的壁画之中，一系列跳动的蓝、白和红，在整个墙面上
形成了鲜明的颜色对比。至于那些细小的白色或绿色花草图案，应
该也是在这一阶段被添加到了土红色基底之上，这个宽阔平坦的土
红区域成了一个类似地面的事物。

　　在印度"工巧明"（Śilpa Sāstra）的画经部分，绘画创作（包括壁
画绘制）的最后一步被称为"最终的轮廓"（lekhana/lekha-karaṇa），
指的是在赋彩之后，为图画添加确切的修正线条的作法[24]，这正是
阿旃陀石窟等遗址的早期佛教壁画创作者最后所做之事。在完成阿
旃陀石窟第6窟的比丘形象（图10）后，他们便使用黑色或朱红色
的有力线条，去修整和定义这个人物的形状。莫高窟的早期佛教壁
画艺术家在对这一步骤的理解上一定没有任何障碍，因为他们在制
作其他类型的壁画时，一直都在践行同一方法。北魏时期的莫高窟
第263窟，这种"天竺遗法"不但得到采用，而且还被加以改进。
除了黑色和朱红色线条，画师还使用了白色线条，以增强画面的整
体线描效果。[25]

　　现在，让我们简单回顾并评述敦煌莫高窟早期壁画创作的进程。

[24] Chakrabarti, *Techniques in Indian Mural Painting*, 90-91.

[25] 马玉华：《北凉北魏时期敦煌的技法及色彩构成》，《敦煌研究》，2009年第3期。

图9　莫高窟第254窟南壁壁画，北魏

图10　阿旃陀石窟第
窟的比丘形象，6世纪
中期

处于这一阶段的佛教石窟艺术，其有限的印度壁画知识，主要来自沿丝绸之路到达敦煌的便携纸本或绢本小样。尽管这些单色或彩绘画样只能部分传达印度或中亚壁画的制作情况，但它们所包含的技术信息已足以让当地的艺术家将画稿重新演绎为壁画。敦煌画师在创制莫高窟佛教壁画时，努力采用、吸收并改进着这些新技艺，尤其是那些能让他们联想起自己曾经精通的制作法，如对线条的卓越运用。查克拉巴蒂（Chakrabarti）曾这样评价早期印度绘画中的线：

> 在印度绘画中，线条被赋予了一个无以复加的地位。它开始于线描，结束于修整轮廓线……在印度绘画大师眼中，线条的质量是评价一幅绘画的价值时的首要考量。[26]

敦煌本土艺术家对待线条的态度，几无二致。

不过，新的天竺赋彩法给莫高窟画师带来了不小的困惑，造成了不少的挑战。在过去的几个世纪里，历代画师已经形成了自己的色彩思维和色彩实践。在他们眼中，印度和中亚地区对颜色的运用，新鲜且具有挑战性——通过变化同一颜色的不同色阶去演绎人物肌肤的凹凸效果，以及在人物之外的区域进行色彩掏填这两种技术，尤其如此。各类凹凸之法后来流行于中古佛教绘画，很大程度上改变了中国人对绘画与雕塑之间关系的理解，并在壁画和雕塑创作中

26] Chakrabarti, Techniques in Indian Mural Painting, 91.

造就了一种浮雕思维。[27] 在人物周围大面积平涂红色，从而为人物营造一个基底的手法，同样具有革命性影响。毫不夸张地讲，这一掏填手法决定了敦煌乃至中国其他地区未来数个世纪里的绘画实践走向。我们很快就会看到，图画中一旦出现过彩绘基底，再要采取基底完全"留白"的汉式作法，就必须要一个充分的理由方可实现。

[27] Wang, "The Relie
Problem", *Ars Orienta
lis*, 48(2018):169–172.

四、青绿的雄辩

印度和中亚地区的色彩思维和色彩实践，并没有完全垄断敦煌早期的壁画艺术。在处理壁画基底时，北凉、北魏时期的莫高窟画师仍会回视当地汉式墓室壁画的留白传统，先为洞窟壁面的某些区域涂刷一层白色地（白粉层），之后在其上绘制具象人物，人物周围不做土红掏填。例如莫高窟第268窟西壁白地上的供养人（图11）。与印度壁画厚重饱满的红色基底不同，这类"汉式"白地"开放""通透"，充满了"氛围"。[28]洞窟里的这些白地区域，或属于供养人形象，或属于那些被认为是源于汉地传统的诸母题（如神王）。但无论哪一种题材，它们都与佛教的"边土"（即汉地）有关，就好似在它们和那些被赋予了红色基底的"中土"（即印度）题材之间，存在着一个本质上的不同。

在平滑地仗的表面薄涂浅色层，或简单涂刷白粉这一古老作法，在接下来的莫高窟西魏诸窟之中得以大规模回归，尤其以第249窟、285窟为最。无论这两个石窟的壁画与中原以及南方的石窟壁画和墓室壁画有着怎样的联系，我们几乎可以肯定，两石窟内的壁画应该都是当地作坊的产物。[29]此时，这些作坊有着大约一个世纪的处理佛教石窟壁上艺术的经验，在工作流程、技法以及如何处理天竺与汉地壁画基底等方面，已经积累了大量知识。

不管是创作天竺式样壁画，抑或是创作汉地式样壁画，6世纪莫高窟壁画艺术家的主要关注点仍然是线条，包括最开始的线描稿以及最

28] Gottfried Boehm, "Der Grund. Über das ikonische Kontinuum", Der Grund: das Feld des ichtbaren, 28-92.

29] 宿白推测，与当时的中央王朝关系密切的东阳王元荣在莫高窟所修的"大窟"，就是第249窟。（宿白：《中国石窟寺研究》，北京：文物出版社，1996年，第251页）

图11　莫高窟第268窟西壁白地上的供养人，北凉

终的修整线条。在绘制这两种风格的壁画时，赋彩者都要严格遵守白
描师设下的规定。莫高窟第285窟的赋彩者，虽然可以让白地窟顶上的
那些石青色点横跨窟顶，彼此呼应，但他们必须确保每一个提按毛笔
所画成的色点，都能紧随与之相应的线描云气图案的走向（图12）。[30]

　　在此，白色或浅色基底让线描和色彩清晰地展示出了自身运动
轨迹。换句话说，只有在白色或浅色基底上，线和色彩的潜力才得
以充分释放。在过去，所谓的"褐色面"是莫高窟壁画颜料层的主要
载体，如今看来，它已经显得不再适宜。现在，一面好的石窟墙壁
必须首先被加工成干净洁白的状态，一如汉式地下墓室的壁面。事
实上，一层纤薄的白粉首先被涂在第285窟的所有墙面，包括后来被
给予了赭色掏填的西壁。正是由于这层白色底层与北凉、北魏时期
涂刷在"褐色面"上的土红色基底的浓烈与醇厚不同（图2），莫高
窟第285窟西壁（图13）的赭石显得柔和低调。[31]

　　然而，对这些以白色地进行创作的画师和赋彩者来说，有一个
问题他们必须解决。在天竺风的壁画中，人物周围掏填而成的、装饰
着花朵图案的基底，使得人和建筑、树木等形象有了一个能站立或活
动其上的表面，无论这表面确指一个地面与否。在经历了长达一个世
纪的天竺色彩及空间思维的熏陶之后，佛教壁画艺术家已不再可能使
用那类汉式的、完全"开放""通透"的白色基底。人物须站立在相
对坚实的表面之上，而不能像之前的汉式墓室壁画一样，任由他们寓

[30] 在莫高窟第249
窟中，云气线描和彩绘
存在着另一种关系。在
那里，设色者被给予了
更大的自由。

[31] 宿白指出，第285
窟壁画的绘制可能经历
了几个阶段。其中，最
早绘制的是西壁赭色底
色的壁画，接下来是白
地的窟顶和南壁，最后
是白地的东壁和北壁上
部。（ 宿白：《 中国石
窟寺研究 》，北京：文
物出版社，1996年，第
10页 ）

图12　莫高窟第285窟白地窟顶上的彩画，西魏

图13 莫高窟第285窟
西壁，西魏

居于一个意义模糊的氛围之中。例如，在给莫高窟第285窟南壁（图14）的白色地壁面赋彩时，艺术家就不得不求助于一些指示空间的元素——石头、山体和树木，以及散布的灌木、野花和绿草，以便暗示出人和动物能够踏足的坚实表面。

我们可以想见，负责设色的莫高窟工匠接下来要做的色彩实验，一定是突破借助图像元素去"暗示"地面的做法，去尝试给地面本身一种质感，让它成为真正的地面。这关键的一步发生在北周。

众所周知，北周是敦煌壁画创作史上的一个转折时期。此时，人们崇尚艺术创作的速度，绝大多数壁画都以快速而简约的方式完成，即便是莫高窟现存规模宏大的、据称为建平公于义（534—583）赞助修建的第428窟的制作，也是如此。

在彩绘北周莫高窟第296窟窟顶（图15）时，松散的起稿线描，以及最终修整线条的缺失，为赋彩者炫耀他的手艺提供了一个绝佳机会。他们尝试使用适合壁上艺术的不见笔踪的墨法来施加青绿色彩。此前的第285窟，石头构成被分为轮廓边线和内部色彩两个部分，前者以细线勾描完成，后者则靠敷设石青、铜绿和铅红等颜料作成，并尽量做到不离墨线、不碰墨线。现在，这个二重构造被解构了，石头被转化为其他事物。当第296窟的赋彩者站在脚手架上面对着他将处理的墙面时，由于不再有线稿的束缚，他可以自由发挥。他将画笔蘸满流动的颜料，然后快速涂抹到墙面上，这与后世绘画

图14　莫高窟第285窟南壁，西魏

图15　莫高窟第296窟窟顶，北周

所谓的"没骨"着色法颇有异曲同工之处：首先将青色涂刷到墙面上，其次将土红色涂刷出树木与奔鹿等具象元素。耀眼的铜绿最后才被敷设，在一些位置，它部分覆盖了之前的青色和红色。得益于新近才开始使用的刷、涂、抹等壁上赋彩技法，石头的构造溶解了，它们现在看起来仿佛是些倾斜的地面。

北周这批布色手不会意识到，这一设色技法在世界美术史中所占据的重要位置——他们实际上在尝试进行着一项很难完成的艺术任务，即描绘大地本身。[32]他们应该也不会意识到，这些快速甚至近乎敷衍的设色之举，对改变莫高窟壁画的色彩走向将起到多么关键的作用。

土红掏填地和白色基底瓜分了隋代莫高窟的墙壁。在莫高窟第305窟以及第423窟等洞窟中，窟顶上的白地壁画显然借用了西魏第285窟及第249窟窟顶的色彩语言，且遥指该地区很久之前的白地汉式墓室壁画。跳动的石青色彩尤其带上了自己的韵律，与它们形成对比的，是各壁面上的千佛和说法图上掏填而成的凝重的赭石面。

隋代之后，在莫高窟使用了数个世纪的赭色掏填基底，不再是一个主流的壁画色彩语言。其式微迹象在初唐便已出现，之后日渐明显，直至最终彻底消亡。只有晚唐时期发生的一次天竺艺术复兴运动，才在部分洞窟之中造就了它短暂、几乎是秘密的回归。[33]

一直到11世纪初，使用浅色或白色基底是莫高窟绝大多数洞窟壁画的常态。依照数百年间形成的惯例，这基底一定是可触的，而

32] Tim Ingold, *The Life of Lines*, 37-40.

33] 此处指的是以莫高窟第156窟（张仪潮窟）和第14窟为中心的两组晚唐洞窟中的一些所谓"密教"壁画的列子。

不是完全空白和开放的。初唐时期从长安洛阳等地传入的壁画绘
制程序，以及关于线描与色彩之间关系的评价体系，更是让敦煌
及其周边的壁画创作变得丰富起来。

　　唐代的莫高窟无疑有属于自己的"吴道子"。像"吴生"那
样，是他们首先惨淡经营十堵内的线描，是他们率先在白地壁面
上"纵狂迹"[34]。画师的线描行为经常极具表演性，"每画，落
笔便去"[35]，接下来的布色，就交付给了莫高窟的翟琰或张藏等
徒工之辈。当然，实际的线描行为可能至少由两个阶段组成：一、
勾勒画稿，大致处理具象元素的分布[36]；二、把这些画稿小样转
移到墙壁之上，这一次序颇似后世"先以朽墨布成小景，而后放
之"[37]的做法。前一阶段创造的画稿，帮助画师发展出一些初始
想法。像历史上所有用于壁画创作的备用画稿一样，它们就是些
之后"将进一步发展的想法"，"它们只是对预设题材的一个建议
性安排"[38]。当一位线描大师在墙面上实际勾勒出各轮廓线，或
者按照唐代的说法，当他在墙上"描""画"时，"意气而成"的
线的演绎才真正开始。[39]

　　晚唐时期莫高窟第9窟中心柱背面线描（图16），就出自莫高
窟的"吴生"之手。出于未知原因，这幅线稿并没有完成，似乎
也从未经过布色。但这未完成的状态也恰好全面暴露了这位画师
的想法与技法。他先以浅色朽笔（木炭）勾画形状（即古人所谓的

[34] 段成式：《酉阳杂俎
续集卷第五·寺塔记上》
段成式撰、许逸民校笺
《酉阳杂俎校笺》，北京：
中华书局，2015年，第
1797页。

[35] 张彦远：《历代名画
记》卷九，俞剑华注释，南
京：江苏美术出版社，2007
年，第229页。

[36] 沙武田：《敦煌画稿
研究》，北京：民族出版
社，2006年，第4—5页。

[37] 邹一桂：《小山画谱》
卷下，于安澜编：《画论丛
刊》下卷，北京：人民美术
出版社，1962年，第796页。

[38] 此处引用阿尔珀斯和
巴克森德尔关于蒂耶波洛
油画小稿的评述（[美]斯
维特兰娜·阿尔珀斯、[英]
迈克尔·巴克森德尔：《蒂
耶波洛的图画智力》，王玉
冬译，南京：江苏美术出
版社，2014年，第132页）。

[39] 张彦远：《历代名画
记》卷九，俞剑华注释，南
京：江苏美术出版社，2007
年，第221页。

40］赵晓星：《莫高窟第9窟"嵩山神送明堂殿应图"考》，《敦煌研究》，2011年第3期；欧阳琳：《敦煌白画》，《敦煌研究》，2009年第4期。"朽"及相关的"落土"等术语，出自《图画见闻志》："落土之际，土，锥朽画者也。"（郭若虚：《图画见闻志》卷五，俞剑华注释，南京：江苏美术出版社，2007年，第204页）

41］段成式：《酉阳杂俎续集卷第五·寺塔记上》，段成式撰、许逸民校笺：《酉阳杂俎校笺》，北京：中华书局，2015年，第797页。

42］关于"色彩的雄辩""狡辩"之语，参见 Jacqueline Lichtenstein, *The Eloquence of Color: Rhetoric and Painting in the French Classical Age*, Berkeley: University of California Press, 1993, p.4; Sylvia Lavin, "What color is it now?", *Perspecta*, Vol.35(2004):103.

43］石守谦：《盛唐白画之成立与笔描能力之扩展》，《风格与世变：中国绘画十论》，北京：北京大学出版社，2008年，第17—50页。

44］沙武田：《敦煌画中的"色标"资料》，《敦煌研究》，2005年第1期。色标也见于中亚佛教壁画，如克孜尔石窟（王征：《克孜尔石窟壁画的制作过程与表现形式》，《敦煌研究》，2001年第4期）。

"落土"），最终以墨线描成，践行了后世人物画术语中所谓的"九朽一罢"[40]。白画完成之际，即墙面题材分布及叙事得以确立之时，也是壁画的寓意确立之时。无须进一步的赋彩，这墙面已是"风云将逼人，鬼神如脱壁"[41]了。色彩在之后所能做的，就是渲染情态和制造情绪。当故事已被线所决定，色彩只能对这故事进行不同程度的"雄辩"（甚至是"狡辩"）[42]。在初唐以降的敦煌莫高窟，如何利用色彩去表现地面，便是色彩进行"雄辩"时的任务之一。

叠加色彩于单色设计线稿之上，在唐代文献中被称为"成""成色""布色"或"设色"[43]。成色徒工偶尔会借助书写在白地上的"设色符号"（"色标"[44]）来设色，不过多数情况下，他必须凭借个人经验，小心谨慎地沿着画师的线稿进行赋彩，以免色彩出格。他也会不断地调整自己的颜料，而且会不断地去回应他所使用材料的流动性。他与颜料及颜色共思，他的智力如同流淌的颜料一样，是一种流动的智力。因此，与所有的流动智力一样，他的智力存在着某种危险。某些时候，他会去夸大颜色，企图创造色彩自身的"逸品"，从而使画师的线稿黯然失色，由此"笔迹尽

图16 莫高窟第9窟中
心柱背面线描，晚唐

45］段成式《酉阳杂俎续集卷第
五·寺塔记上》，段成式撰、许逸民
校笺：《酉阳杂俎校笺》，北京：中
华书局，2015年，第1843页。

46］张彦远：《历代名画记》卷三，
俞剑华注释，南京：江苏美术出版
社，2007年，第76页；石守谦：《盛
唐白画之成立与笔描能力之扩展》，
风格与世变：中国绘画十论，北
京：北京大学出版社，第23页。

47］"高墨犹绿，下墨犹赪。"（萧绎：
梁元帝山水松石格》，《中国书画全
书》（一），上海：上海书画出版社，
2009年，第3页）

48］当然，这也是纸本大设色青绿
的赋彩方法，只不过后者因为媒材
形制的不同，更为复杂而已，黄宾
虹："用青绿法，古人或用草绿，或
用赭石打底，先设以此等颜色，而
后以青绿和胶水掺入纸上，最后使
用草绿加盖其上，令色泽沉着不
浮，此为大设色。唐人大小李将
军，宋赵伯骕、赵伯驹最为擅长。
至元人往往用三绿代草绿，染山石
之阳面，即不用草绿盖面矣。"（黄
宾虹：《答刘亦馨书》，《黄宾虹文
集·书画编》上，上海：上海书画出
版社，1999年，第413页）"分阴阳
显晦"之说，参见金绍城：《画学讲
义》，王伯敏、任道斌主编：《画学
集成·明—清》，石家庄：河北美术
出版社，2002年，第929页。

矣"[45]，"布色，损矣"[46]。

唐代，莫高窟的色彩探索集中在赋设青绿（金碧）的行
为之中。

在一些盛唐石窟（如莫高窟第45窟）的部分壁画中
（图17），那些以极淡的半透明的青绿色画出的几近"没
骨"的小区域，让人物有了一个可以站立其上的表面，
树木因此有了一个生长的缘由，地面也不再是暗示出来，
而是变为可触可见的了。这些赋彩之下，原来可能写有
色标或画有浅色线描，布色徒工只是在这里谨慎地"轻
成色"。不过，莫高窟的工匠在进行金碧大设色时，绝
大部分时间里会徘徊于"成色损"的危险边缘。以盛唐
时期莫高窟第172窟东壁北侧的金碧设色（图18）为例：
在画师完成白描之后，墙面就成了成色徒工的试验场，
他们为建筑成色，为人物、动植物成色，为山川成色，
更为重要的是，他们为地面成色。在为山体和大地设色
时，他们多数采用"高绿下赪"[47]的办法，以赭石及草
绿打底，接着在山根、石隙、坡角再赋重赭。最后赋设
的是大面积的青绿，"以分阴阳显晦"[48]。当我们近距离
观看这些金碧细节时，我们隐约感觉到，色彩已经在喧
宾夺主。

图17　莫高窟第45窟北壁壁画细部，8世纪中期

图18　莫高窟第172窟东壁北侧壁画的金碧设色，盛唐

8世纪后半期，吐蕃压境。一些处于从属地位的敦煌布色者，开始拒绝遵从画师白画所设定的规矩，不再让他的色彩受控，大胆地给予"雄辩"的颜色以独立的生命（图19）。色彩，尤其是青绿色，被赋予了完全的自由。色彩超越了画师的线描，获得了至高无上的地位，以至于背景最终吞没了人物。炫目夸张的"没骨"青绿独享着特权。厚重的铜绿笔触长而迅疾，在所有的绘画次序中，它们是最后被涂刷到墙面上的，一如北周一些洞窟中的情形。壁画完成之后，不是人物，而是这些"玩艳动人"的青绿主导着墙面，它们不但用来绘制山体，还大量用于绘制地面。"翁翳阴森"的青绿大地就此全面诞生。[49] 它们就是本文开始时提及的吸引着我们、使我们感到眼花缭乱、将我们淹没了的青绿。

诸如莫高窟第148窟这类大型洞窟，让适合壁画创作的刷、抹、涂等大笔刷技法，得以充分发挥。[50] 与线描师一样，设色徒工必须在脚手架上急速完成他们的工作（图20）。他们无法后退，无法去反复观察墙面的整体效果，他们不得不依靠"皮肤之眼"[51] 来完成工作。如果说几个世纪之前流行的壁上色彩掏填须要缓慢谨慎地进行，那么现在，为了给人物建构一个可触的青绿地面而实施的涂、抹、刷，则需要速度与激情，似乎青绿大地就应该如此生长出来。"色彩在行走。当它行走的时候，它也在变化着自己。"[52] 面对这些青绿，我们的观看成了一种带有触感的

［49］金绍城：《画学讲义》，王伯敏、任道斌主编：《画学集成·明—清》，石家庄：河北美术出版社，2002年，第928页。

［50］如前所述，这些壁画技法也见于莫高窟早期洞窟，如北周洞窟，它们后来被文人画画家放弃。（王伯敏：《敦煌壁画山水研究》，杭州：浙江人民美术出版社，2000年，第29页）

［51］这个表述出自建筑师尤哈尼·帕拉斯马（Juhani Pallasmaa），Juhani Pallasmaa, *The Eyes of the Skin: Architecture and the Senses*, Chichester: Wiley, 2005,10.

［52］Michael Taussig, *What Color is the Sacred?*, Chicago: The University of Chicago Press, 2009,36.

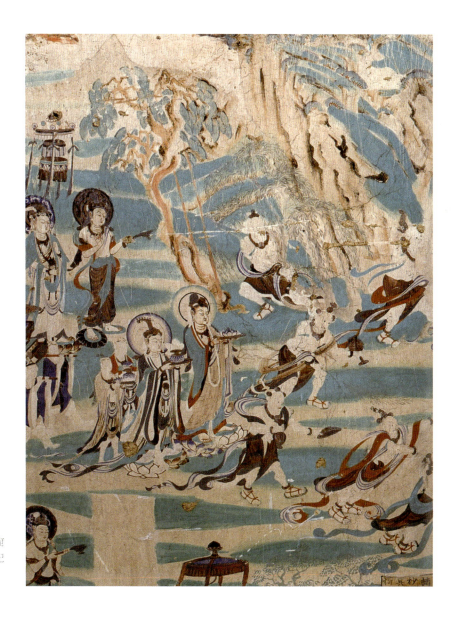

图19　莫高窟第148窟
南壁壁画细部，8世纪
后半期

图20　潘絜兹,《石窟艺术的创造者》,纸本
设色，110厘米×80厘米，1954年，中国美
术馆

观看，一种身体的感知。现在我们知道，之所以会有如此感受，是因为这些布色者的创作，已经是调动了视觉、触觉和统觉的一次创作。

前文已经提及，画家很难成功描画天空与大地。与星星、云团、青草、树木、岩石等不同，天空与大地没有明确的轮廓。[53] 这些青绿地面的重要性在于，它们泯灭了色彩与线之间的界限，它们在企图描绘大地的同时，也在思考什么是颜色。[54]

青绿大地在此后的莫高窟变成了一种标准的绘画语言，既用于壁画，也用于绢画，它甚至可能是曹氏归义军画院所积极推广的一种技法。[55] 毫无疑问，这一作法在当时的巨型壁画之中被发挥到了极致，如莫高窟第 61 窟西壁的《五台山图》（图 21）与第 196 窟的《劳度叉斗圣变》之例。有些青绿大地绘制在洞窟中心柱之后的西壁之上，因此在赋彩过程的某些时刻，画家只拥有大概两米进深的昏暗狭窄的工作空间，如莫高窟第 61 窟中心柱与西壁之间的礼拜道（图 22）。

西魏时期，在莫高窟白地壁画上出现的青绿元素，只是些暗指地面的填充物，它们是背景，服务于故事与人物。但到了 10 世纪晚期，由这些青绿元素逐渐发展而来的青绿大地完全超越了人物，让自己变成了绘画的主题。《五台山图》与《劳度叉斗圣变》当然是佛教胜迹及佛教故事的表征，但它们同时又是壮观的青绿大地壁画。

53] Ingold, *The Life of Lines*, 101.

54] 这与凡·高《星空》所做的颇为相似，Ingold, *The Life of Lines*, 103–104.

55] 如巴黎集美博物馆藏《观音经变》挂画（MG 17665），Cf. Jacques Giès, Michel Soymié, and Jean-Pierre Drège (eds.), *Les arts de l'Asie centrale: La collection Paul Pelliot du Musée National des Arts Asiatiques Guimet*, Tokyo: Kodansha, 1994, 345 and plate 73.

图21　莫高窟第61窟西壁的《五台山图》，五代

图22　莫高窟第61窟中心柱与西壁之间的礼拜道，五代

之后，西夏和蒙古相继袭来，完全改变了敦煌的壁画美学。莫高窟历代工作坊五百余年来所积累的壁画制作经验，让位于另一套墙壁美学实践。[56]莫高窟从此不再大规模创制青绿大地。

[56] 宗教史家罗白特·夏福（Robert Sharf）对莫高窟壁画的思考，最值得注意，Robert Sharf, "Art in the Dark: The Ritual Context of Buddhist Caves in Western China", in David Park, Kuenga Wangmo, and Sharon Cather (eds.), *Art of Merit: Studies in Buddhist Art and its Conservation*, London: Archetype, 2013, 38-65.

五、色彩的悖论

弗拉德·约内斯库之所以用坐在山巅眺望远方风景的观者作为例子，来讨论"氛围""情态特点"，实则事出有因。据称，现代艺术史中对"氛围""情态"最早的系统思考，正是坐在阿尔卑斯山巅观想世界的艺术史家李格尔所做出的。[57]在本文开始，我们遵从李格尔的建议，"从感觉开始"，放下重担，在莫高窟中感受了一种青绿"氛围"。但感受了"氛围"之后，为了走近并触摸这一"氛围"，我们很快就离开了李格尔，走向了他的宿敌戈特弗里德·桑佩尔（Gottfried Semper），走向了实践、技术及其美学[58]。为回答一个现象学问题，我们不得不走向后现象学。

本文叙事不是从壁画成品出发，倒追大师的精深"运思"，即那些"成竹在胸"的大师的设计方案，而是遵循着壁画诞生的进程，尽量复原白画师的线描以及随之而来的布色徒工赋彩这一进程中的曲折变化、即兴事件与整个过程中的各种律动。[59]在观察、思考莫高窟壁画时，我们既是见证艺术成品状态的观者，又是关心艺术生命形成过程的"技术评论家"[60]。

在此，有两个必要条件使我们技术评论家的身份成为可能。一、汉式壁画的浅色地或白色地，使我们可以相对容易地追踪笔与墨的行踪。与谈论印度式壁画时的局面不同，我们基本上无须借助文物保护专家及壁画临摹专家的成果，仅凭借细致入微的观察，就可以大致复原它们的制作程序，感受到这些壁画的生命进

[57] Lucia Allais and Andrei Pop, "Mood for Modernists: An Introduction to Three Riegl Translations", *Grey Room*, 80 (Summer 2020):6-25; Alois Riegl, "Mood as the Concept of Modern Art", *Grey Room*, 80 (Summer 2020):26-37.

[58] Gottfried Semper, *Style in the Technical and Tectonic Arts, or, Practical Aesthetics*, trans. Harry Francis Mallgrave and Michael Robinson, Los Angeles: The Getty Research Institute, 2004.

[59] Tim Ingold, "The Textility of Making", *Cambridge Journal of Economics*, Vol.34, Issue 1 (January 2010):91; John Mach, "Making and Seeing: Matisse and the Understanding of Kuba Pattern", *Journal of Art Historiography*, 7 (2012): 1-19.

[60] "技术评论家"这个表达出自韩庄，John Hay, "Surface and the Chinese Painter: The Discovery of Surface", *Archives of Asian Art*, 38 (1985): 116.

程。一些学者所称的传统中国绘画的"指别"(deixis)特性,在此起
到了关键作用。[61] 二、我们能够察觉到在通常的昏暗洞窟环境中无
法看见的事物,要归因于高清摄影技术带给我们的超人"眼光"。我
相信,几代敦煌壁画临摹专家一定注意到了莫高窟青绿大地的"墨
意",却无法在他们的临摹作品中将其忠实地展现出来,因为它们
"不可摹耳"[62]。数码摄影技术使青绿大地技术得以重现,一种技艺
带来了另一种技艺的重生。

　　毫无疑问,如此构建出来的青绿世界,无论在当时还是在现代
艺术评判体系里,都是充满了争议的一个现象,有它的赞颂者,也
一定有它的诋毁者。在世界艺术史中,对色彩的恐惧与对色彩的迷
恋如影随形。17世纪的弗朗西斯库斯·尤尼乌斯(Franciscus Junius)
在评述色彩时所表现出的矛盾心情,几乎可以同所有艺术传统中关
于色彩的主流评述形成互文:

　　　　据说是颜色让"绘画活了起来"。色彩"通常可以用动人
　　且堂皇的装饰所造成的迷惑快感,令我们的眼睛欣喜若狂"。[63]

　　在此,尤尼乌斯似乎就是在用印度"工巧明"类文献作者的口
吻在说话,在评判。"善男子,轮廓线、明暗、饰物以及色彩,是绘
画的装饰。大师们称颂轮廓线,鉴赏家们称颂明暗,女性渴望珠宝,

[61] Norman Bryson,
*Vision and Painting: The
Logic of the Gaze*, New
Haven: Yale University
Press, 1983,89.布莱逊
过分夸大了西方油画艺
术的"非指别性"。

[62]"不可摹耳"的表
达出自李日华:"唐人
饮画,各遣工就摹之。
王维《辋川图》,好事
者家有一本。宋人论
画,亦重粉本。唯元
人重笔意,故不可摹
耳。"(屠友祥:《味水
轩日记校注》卷二,上
海:上海远东出版社,
2011年,第156页)充
满彩色"墨意"的画作,
同样"不可摹"。

[63] Lavin, "What
Color Is It Now?", 105.

其他人渴望色彩的丰富。"[64]也就是说，人们对一幅绘画颜色的偏好永远存在，但这显现的是种暧昧可疑的趣味。

　　张彦远同样会全心赞同此类说法。他撰写《历代名画记》时，青绿大地绘画早已经在敦煌流行开来，其他地区的情形大致相同。面对着笔法的逐渐失势和色彩在"俗人"中的泛滥，张彦远发出了这样的感慨：

> 　　上古之画，迹简意澹而雅正，顾陆之流是也；中古之画，细密精致而臻丽，展郑之流是也；近代之画，焕烂而求备；今人之画，错乱而无旨，众工之迹是也。……然今之画人，粗善写貌，得其形似，则无其气韵，具其采色，则失其笔法，岂曰画也！呜呼！今之人，斯艺不至也。[65]

　　斯艺不至也！崇尚笔法的张彦远，作为文人学者的张彦远，将上古以来的艺术发展史看成了一部日趋衰败的历史。在其中，线条渐趋式微，色彩日渐张扬。在他的眼中，绘画在顾恺之、陆探微所代表的上古艺术之后，就走上了一条背离真理的道路。为何线才是正道？

　　　　对哲学家和我们来讲，真理以黑白的面貌出现。形状与形

[64] Ananda K. Coomaraswamy, "Visnudharmottara, Chapter XLI", Journal of the American Oriental Society, Vol.52 No.1(1932):14.

[65] 张彦远：《历代名画记》卷一，俞剑华注释，南京：江苏美术出版社，2007年，第29—30页。

式，轮廓线与痕迹，这些是真理。坦白讲，色彩是另外一个世界，它是件炫耀的事情，一件无法掌控的事情，就好像一匹跳跃的马或者袜子上的一根抽丝——它是这样一个事情，我们需要运用线条和痕迹（这些思想的边界骑手），将这无形的事情禁锢其中。[66]

人类学家迈克尔·陶西格（Michael Taussig）说这段话时，他是在诟病西方世界自文艺复兴以来的一种现代"色彩恐惧"。在这一现代系统（即德勒兹和瓜塔里所谓的黑洞、白墙系统）里，"色彩是表面的，甚至是具有欺骗性的。与刻或画出的线在定义不同形式上的力量相比，色彩的作用就是装饰、装贴或'化妆'。它的力量在于诱惑或吸引，而不是像在书写或线描中那样，去传达思想过程"[67]。

现代人甚至会将阴阳之别、性别区分及其背后的不同伦理，附加在色彩与线条的二元论之上。对这个问题的表述，没有人比弗朗西斯·蓬热（Francis Ponge）更生动了：

毕加索之后：阳刚的，狮子般的，属于太阳的……暴跳的线条，慷慨，咆哮，扩张，时常准备侵犯，时刻准备出击。而让·弗特里埃（Jean Fautrier）则代表了绘画的那一面，它是阴柔的，猫一

66 ］Taussig, *What Color is the Sacred?*, 17.

67 ］Ingold, *The Life of lines*, 102.

般的，属于月亮，喵喵叫，散成一个小水坑，沼泽一般，诱人的，
（在试图挑战后）退却的。引诱你到它那里，进去——挠你。[68]

在蓬热简单直接的二分法中，毕加索是线条，弗特里埃是色
彩——虽然"色彩"一词并未明确出现在此段评论中，虽然我们知
道，毕加索的线条具有无与伦比的色彩性。但古今中外以"线"为正
道的人，应该都会站在陶西格、因戈尔德的反面，也一定会认同蓬
热的这种区分。按照他们的理解，印象派的放肆色彩需要塞尚的坚
实构图来拯救，凡·高的《星空》错误地让阴柔的色彩担负着本来是
阳刚的线所做之事，弗特里埃的《人质》任由挠人的色彩肆意发挥，
莫高窟第148窟的青绿大地让本应顺从的色彩全面失控——印象派、
《星空》《人质》、第148窟的问题都在"成色损"。在"张彦远们"
的眼中，线条是真理，色彩只是妆容。何以如此？

一个可能的原因是，在各文化传统中先后形成的、由高至低的
等级序列［文字（语言）为大，线条与色彩次之］之中，线可以较容
易地转化成语言、文字和意义，颜色却总是一种"原始能量"（raw
energy），无法诉诸语言。线条当然有自己原始的"势"，也能多少
制造情绪，可以拥有丰富色彩，但除了书法艺术和水墨艺术，它真
正的力量在于叙事、在于表征。与之相反，色彩的力量从来就不在
于讲述故事，而在于制造情绪、营造氛围和情态。

［68］Francis Ponge,
"Note sur Les Otages, pein-
tures de Fautrier", L'atelier
contemporain, Paris: Galli-
mard, 1977,15.

　　然而，在图像与文本竞争时，其制胜的品质不就是它制造情绪、氛围的能力和它的不可言说性吗？由此说来，不正是色彩才是艺术独有的品质吗？在将来，徒工般的艺术史家或许要像建筑工人那样，当建筑师（线描师、学者）在考虑完整的成品的时候，他们凭借经验就知道，建筑与艺术其实是一个充满了变数的"次序"。[69]如果艺术史家能率真一些，暂时放下现代"学术研究"的重担，忘记"形式"观念，从"惊奇"开始，沿着那条"从学者书斋到石匠院落的道路"[70]摸索前行，那么他们可能就会发现，在以往的研究中，被遮蔽和忽略的是敦煌壁画的色彩与力量。未来最可贵的敦煌艺术史，实际上是曲折复杂的敦煌色彩史。

　　　　本章原刊于《文艺研究》（2021年6期），此次发表有修订

[69] Tim Ingold, "The Textility of Making", *Cambridge Journal of Economics*, Vol.34, Issue 1 (January 2010):93.

[70] Heinrich Wölf- lin, *Renaissance and Baroque*, trans. Kathrin Simon, London: Collins, 1964, 76-77.

Ⅲ

何以"塑形"：

全球艺术史视野下的"凹凸画"

关键词：

凹凸画

明暗法

远近

环境光

塑形

引　言

1932年，南亚艺术史学者阿南达·库马拉斯瓦米（Ananda K. Coomaraswamy）在论述南亚古代绘画时，曾从全球艺术史的视角得出这样一个结论：

"凹凸高低"（natōnnata/nimnōnnata）为我们提供了relievo一词的精确术语——后者指造型的立体感或者说抽象光之中的立体感，它曾在阿旃陀的绘画当中出现过。此外，对于"上明暗"（shading）这一过程，我们有vartanā这个术语，对应着出自《殊胜义注》（Atthasālinī）一段文字中的巴利文vattana和ujjotana，意为"上明暗"和"加高光"——浮雕效果和体积感靠"上明暗"而得以创作和传达。当然，这类relievo一定不可与本质上具有"光的效果"（chiaroscuro/chāyātapa，此处意为"光与影"——引者注，下同）的事物混淆。的确，relievo和chiaroscuro最迟于达·芬奇时代在欧洲成形之时，就不仅是相互独立的，而且是相互冲突的观念。尽管达·芬奇作为一个自然主义者曾经长时间研究直射的日光和投射的阴影所造成的各种效果，但他仍然正确地指出：这些效果摧毁了对于真正浮雕或体积的表现。[1]

[1] Ananda K. Coomaraswamy, "Ābhāsa", The Transformation of Nature in Art, Cambridge, MA: Harvard University Press, 1934, 145-146. 原文发表于1932年，作者将文艺复兴以来西方艺术理论中的关键术语relievo错拼为relievo。

20世纪30年代初，库马拉斯瓦米正处于学术研究的转型期。与之前不同，他开始关注南亚绘画的审美特质及其在人类艺术史上的

地位，其中传统南亚艺术形式背后的形而上动因，是他新学
术思考的焦点。[2]在他的全球艺术谱系中，南亚艺术与其他
几种东方艺术、西方的中世纪艺术以及民间艺术，一起构成
了以刺激观者反应为鹄的的现代艺术的反面。在他看来，阿
旃陀壁画这类具有立体的凹凸效果但又与光影无关的艺术品
彰显了印度绘画艺术的精髓。[3]

　　在库马拉斯瓦米发表这些文字之后的九十年里，艺术史
学经历了学科巨变。它不仅意味着亚洲艺术史和西方艺术史
在知识上的空前激增，也意味着20世纪70年代以来艺术史理
论和艺术史书写方式的几次根本转向。其中，库马拉斯瓦米
时代只有个别学者尝试书写的全球艺术史，如今已经成为流
行的艺术史书写模式之一。现在，当我们再次回顾库马拉斯
瓦米的凹凸画论述时便会发现，其中虽不乏精辟见解，但也
存在不少偏颇和误解。

　　例如，过去几十年的艺术史及媒介史研究表明，西方从
古典时期以来就存在一部几乎没有中断过的"光媒介"艺术
史。[4]其中，塑形（modeling，即在二维表面制造立体感）作
为一种绘画思维和绘画行为，它与明暗法（chiaroscuro）之间
的关系是一个恒久的论题。在这一光媒介史的视野之下，库
马拉斯瓦米对"立体感"和"明暗法"关系所做的区分就显

[2] 关于他的这一转变，参见
Roger Lipsey, *Coomaraswamy: His
Life and Work*, Princeton: Princeton
University Press, 1977,173; Alvin
Moore, Jr. and Rama P. Coomaras-
wamy (eds.), *Selected Letters of
Ananda K. Coomaraswamy*, Delhi:
Oxford University Press, 1988,27.

[3] 库马拉斯瓦米在这一阶段撰
写的一系列关于南亚古代绘画的
研究论文，为之后的凹凸画研究
奠定了基础，至少在全球艺术史
视野这一层面上，同时期及后来
关于南亚、中亚和汉地中古凹凸
画的研究，几乎无出其右者。与
他同时的斯黛拉·克拉姆里什
（Stella Kramrisch）的研究可以说
是唯一的例外，本文多次援引处
的研究，而中文相关研究中有两
个最为扎实可信，即王镛：《凹
凸与明暗——东西方立体画比
较》，《文艺研究》，1998年第
2期；段南：《再论印度绘画的
"凹凸法"》，《西域研究》，2011
年第1期。

[4] David Summers, *Real Spaces:
World Art History and the Rise of
Western Modernism*, New York:
Phaidon Press, 2003,544—652；
Friedrich Kittler, *Optical Media:
Berlin Lectures 1999*, trans. Antho-
ny Enns, Cambridge, UK: Polity
Press, 2010.

得简单偏颇。因此，当我们再次从全球艺术史的高度对亚洲凹凸画
进行厘清之时，就必须同步对西方的塑形史进行全新梳理。

此外，尽管库马拉斯瓦米一生都试图跳出现代殖民主义视野去
探讨、推广和复兴南亚本土的艺术传统，但与同时期许多南亚学者
一样，图片是他认识和谈论阿旃陀等处壁画的主要资源，误区的产
生在所难免。[5] 南亚及其他地区的传统壁画原本是一个复杂的"整
体艺术"（Gesamtkunstwerk）的有机组成部分，它与建筑紧密相连，
隶属于真实空间，涉及明暗、表面、观者，以及身体的移动、观看
距离的远近、触觉与视觉高低之分等基本绘画问题。虽然塑形也用
于插画、手卷、册页等小型的"手的艺术"，但它所造就的立体感要
在具有最复杂观画条件的"墙上艺术"（壁画、挂轴、屏风、架上画、
大型屏幕）那里才得以完美显现。

在当今世界，我们与其像库马拉斯瓦米那样力图凭借塑形去探
究南亚甚至东方传统绘画的特质，不如去探究塑形以何种方式存在
于不同的艺术传统中，它为何是人类艺术史上挥之不去的一个主题，
它将以何种面貌出现在未来的艺术创作之中。或者说，对今天的我
们而言，关键问题变成了——人类何以"塑形"。

5］在阿旃陀石窟壁画
的早期研究者中，可能
只有画家约翰·格里菲
斯（John Griffiths）和
艺术史家克拉姆里什注
意并记录了现场考察的
感受。

一、凹凸与明暗

（一）制造高低之别

　　根据《毗湿奴无上法往世书》(*Viṣṇudharmottara Purāṇa*)中的《画经》(*Citrasūtra*)等文献，以及印度教、佛教文学对绘画的零星记述，艺术史家早已达成共识：一个连续不断的印度绘画技术传统至少在笈多时期就已形成。[6] 它关注不同艺术媒介的分类，并且强调绘画与雕塑的紧密关系，这两个特征在11世纪成书的《迦叶工巧》(*kāśyapa Śilpa*)中得到很好的彰显。艺术类型在其中被分成三类："半表征"(ardhacitra，即浮雕)、"完整表征"(citra，即圆雕)和"外观"(citrābhāsa，即绘画)。citrābhāsa的基本意涵是"浮现"或"对于圆雕的模仿"，绘画因此被当作一种有局限的雕塑，即便本质上是二维的，但仍努力成为一类坚实的表征。[7] 它的神奇之处就在于，实际扁平的表面在观者的眼中仿若有凹凸高下。一个真正的品鉴者懂得如何欣赏制造了凹凸感的塑形技巧，就像笈多晚期的《画经》所言："善男子！轮廓线、明暗、饰物以及色彩，是绘画的装饰。大师们称颂轮廓线，鉴赏家们称颂明暗，女性渴望珠宝，其他人渴望色彩的丰富……那能制造高低之别的人，是真正懂得绘画的人。"[8] 无论是浮雕那样实际的凹凸，还是画出来的凹凸；无论它表现的是"女人丰满的形式，抑或是风景背景丰富的形式"，还是画中人物的肌肤，好的凹凸都能造成此种效果：观者的眼睛会聚焦在它那里，"跌倒"(skhalati)在它那里。[9]

[6] Ananda K. Coomaraswamy, "The Technique and Theory of Indian Painting", *Technical Studies in the Field of the Fine Arts*, Vol.3, No.1 (1934):59.

[7] Coomaraswamy, "Ābhāsa", 144.

[8] Ananda K. Coomaraswamy, "Visnudharmottara, Chapter XLI, a Translation from the Sanskrit", *Journal of the American Oriental Society*, Vol.52, No.1(1932):14.

[9] Coomaraswamy, "Ābhāsa", *The Transformation of Nature in Art*, 145; "The Technique and Theory of Indian Painting", *Technical Studies in the Field of the Fine Arts*, Vol.3, No.2(1934):63.

10〕Ananda K. Coomar-
swamy, "An Early Pas-
sage on Indian Painting",
Eastern Art, 3 (1931):219.

11〕这里采用的是近
年比较通行的译法，参
见Isabella Nardi, *The
Theory of Citrasūtras in
Indian Painting: A Criti-
cal Re-evaluation of their
Uses and Interpretations*,
London & New York:
Routledge, 2006,131；段
南：《再论印度绘画的
"凹凸法"》，《西域研
究》，2019年第1期。

12〕Coomaraswamy,
"Visnudharmottara",13.
图示见Asok K. Bhat-
acharya, *Technique of
Indian Painting*, Cal-
cutta: Saraswat Library,
1976, Fig.3.

　　制造立体感在绘画创作中的特殊地位，令"上明暗"这一塑形过
程变得无比重要。人们唯有小心谨慎地进行塑形，绘画才能真正取
得浮雕效果。在梵文和巴利文中，vartanā/vattana的本义是赋予生命、
实存、前行和转折。也就是说，在形象制作的过程中，是塑形让形
象发生质变，并最终得以诞生。[10] 为此，南亚艺术家采用"叶生"
（patraja）、"连贯"（acchaidika，或称"叠染"）和"点生"（binduja）[11]
三种不同的赋彩塑形方法（图1）来创造凹凸感：

　　　　叶生明暗利用像叶子短促筋脉一般的线条来完成；那十分精
致的，是连贯明暗；而那用直立的笔完成的，便是点生明暗。[12]

　　"上明暗"时，绘画表面大体保持平整，但在接近人物轮廓线的
部位，由于经过了同一颜色的多次涂绘，颜色变得更暗，颜料也会
稍厚。换成南亚传统的说法，在轮廓线那里，也就是在人物消失进

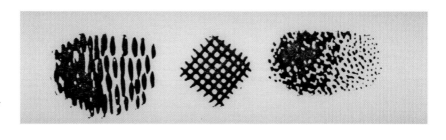

图1　南亚的三种赋彩塑形方法，公元4世纪至今

背景的地方，色彩会"肥厚"（sthula）起来，人物由此得到了巧妙的"滋养"。[13]浓淡、厚薄、暗明在塑造绘画的立体感时，彼此之间存在一种微妙的互动关系。视觉上的暗与明，也意味着触觉的厚与薄、肥与瘦。[14]按照5世纪觉音（Buddhaghoṣa）的生动描述，一个聪明的画家在占有一面上了泥和灰的墙之后，便会调制"他的色彩，拿起画笔，提起这个人物"[15]。当所有这一切完成之时，"画最终就升起来了"[16]。斯黛拉·克拉姆里什用现代艺术史语言所阐释的是同一件事情：

> 《毗湿奴无上法往世书》在每一种颜色的两种可能性，即浓（暗）与淡（明）之间做出了区分。浓的品质是结实或厚重，而淡的品质就好似月亮、星星、草木与珠宝的品质。这双重可能存在于阿旃陀、巴格、巴达米等地不透明但明亮的色彩之中。它们既和色彩本身有关，也与升起来的外貌有关。[17]

当然，我们目前为止讨论的都还是人和动物的塑形，即同一颜色色值的渐变，亦即现代艺术史家所谓的"凹凸法"，如阿旃陀石窟第17窟前廊顶部飞天（图2）。南亚绘画还经常会将两种或更多种色调截然不同的色彩并列，借此画出有立体感的橡头、植物、

[13] Coomaraswamy, "The Technique and Theory of Indian Painting", 78.

[14] Coomaraswamy, "The Technique and Theory of Indian Painting", 77.

[15] Ananda K. Coomaraswamy, "Further References to Painting in India", Artibus Asiae, Vol.4, No.2/3 (1930-1932):128; Coomaraswamy, "Ābhāsa",144-145.

[16] Coomaraswamy, "An Early Passage on Indian Painting", 218; "Further References to Painting in India",126.

[17] Stella Kramrisch, "Ajanta", Exploring India's Sacred Art: Selected Writings of Stella Kramrisch, Philadelphia: University of Pennsylvania Press, 1983,289.

图2 阿旃陀石窟第17窟前廊顶部飞天，5世纪后期

图3 阿旃陀第2窟主室正壁壁画(局部),5世纪后半期

18] Susanne Fran-
coeur, *Style and Work-
shops in Ajanta Paint-
ing*, PhD Dissertation,
Columbia University,
1998,108,157,158.并非
所有有生命的事物都会
被塑形,利用"固有
色"(local color)进行平
涂,也是一种为生物肌
肤赋彩的手段。

岩石等装饰纹样。这显然也是一种塑形,而且可能就是中古汉文文
献中所称的"凹凸花"(图3)。如此并置对比色,不仅能在平面上
形成浅凹凸效果,还带来了现代色彩学所谓的"视觉混色"(optical
color mixing)——几种互补色比肩而立,让每一种色彩都显得更加
浓烈。

伴随着印度教、佛教向南亚之外的地区传播,凹凸法、凹凸花
也被汉地、中亚及东南亚的画家所采用,最终成为一类跨越了半个
亚洲的艺术手段。从现存的材料看,其中一些手段在南亚之外的地
区得以发扬光大,另外一些手段则因缺乏对南亚塑形思维和技法的
真正理解而出现"误译"。

对负责绘制阿旃陀壁画的八个作坊的画匠来说,他们首先要面
对的问题是如何处理轮廓线(包括初始的红色或黑色轮廓线以及赋彩
完成之后的定型线)与"上明暗"的关系。他们或让线与那些制造了
轻柔的渐晕效果的塑形色彩融为一体,一如公元480年前后制作了第
16窟壁画的"难陀作坊A"以及为第1窟门右手边金刚手塑形的"菩
萨作坊E"中某些画匠的作法;或清晰地描画轮廓线,让它们显得自
信又肯定,完全不允许塑形色彩覆盖这些线——这便是"难陀作坊
A""菩萨作坊E"中另外一些画匠的作法。[18]

无论与轮廓线形成怎样的关系,其中的塑形法却大体一致
(图2):

沿着轮廓线赋上逐渐变暗的同一种基础色，这渐变相当精致，朝向人物中心的地方渐次变淡。色彩的厚涂加强了暗的效果；同理，明亮感也通过薄涂色彩得到了强化……使用几层厚薄不一的同一基础色，而不是不同的颜色来制造塑形感……塑形完全是任意的，与光源无关——这似乎进一步增强了那全然的雕塑效果。[19]

阿旃陀匠人主要使用了南亚画论中记载的渐次"肥厚"的叠染法。虽然有学者通过观察高清图片，在阿旃陀壁画中还发现了叶生法和点生法，不过这两种方法似乎只用于窟顶壁画的塑形，而且仅出现在部分洞窟的窟顶。[20]

叶生法、叠染法、点生法三种手段各有不同的塑形潜能。与阿旃陀匠人一样，南亚以外的画家广泛使用叠染法，而且在各地、各时期创造了不少变体。[21]叶生法和点生法则只存在于某些地区的工匠手中，在一些情况下，它们的运用可以臻于极致，叶生法在克孜尔石窟、阿奇寺等处壁画制作中的命运就是如此（图4）：

（克孜尔壁画）对人物肌肤的晕染技法不同于敦煌的叠染法或渲染法，而是按照肌肉的位置及走向，用似是齐头笔毛的毛笔，先用淡而薄的朱色染出肌肉的位置，之后再用深而浓的朱

[19] Francoeur, *Style and Workshops in Ajanta Painting*, 109.

[20] 段南：《再论印度绘画的"凹凸法"》，《西域研究》，2019年第1期。

[21] 叠染法在克孜尔的变体，参见吴焯：《克孜尔石窟壁画画法综考——兼论西域文化的性质》，《文物》，1984年第12期。

图4 克孜尔第80窟主
室正壁龛右侧菩萨，4
世纪

红色复染一次。但染的技法不是覆盖式的平染渲染（用水将颜色渲开），而是采用线性的刷染法（类似西画中素描的绘制效果），即由很多长短不一、粗细大致相同的小细线，上下左右相互排列，紧密衔接，形成由外向内、由深渐浅的色彩过渡效果。小细线之间都是透气的，如克孜尔第38窟壁画可清晰观察到上下色层之间的浓淡及笔痕走向关系。[22]

10—13世纪，叶生法在印度拉达克的阿奇寺更是得以发扬光大，不仅用来为人物塑形，也用于动物塑形（图5）。画匠塑形时，首先用粗细不等的墨线勾勒神祇身体的各轮廓，接着用白色为裸露的肌肤托底，然后再以平头细笔刷渐次刷染颜色，未经赋彩的白色托底或最终的提白，就变成为肌肤最突出的部分（图6）。[23]虽然这样的塑形法与克孜尔石窟壁画的叶生塑形并无本质的不同，但阿奇寺的画匠显然还严格遵循了藏传佛教文献对尊像不同肌肤色彩具有不同意涵所做的规定：在此，诸尊肌肤已不再局限于肉色，他们深浅不一的肉体还能以土红色，甚至是蓝色和绿色出现在墙壁之上。[24]类似这样的墙壁，当然是对佛教图像志的一次丰盛展示，同时还是对塑形多样性以及色彩潜能的一次具体礼赞。

然而，包括塑形法在内的绘画知识尤其是壁画知识的跨区域传播绝非易事。石窟艺术作为一种作坊产物，其传播基本上依靠便携

[22] 马玉华：《北凉北魏时期敦煌的技法及色彩构成》，《敦煌研究》2009年第3期。

[23] Peter van Ham and Amy Heller, *Alchi: Treasure of the Himalayas*, Munich: Hirmer Verlag, 2018, 158–159.

[24] 晚期藏传佛教文献中便这样解释绿度母何以为绿色：绿度母的绿色混合了白色、黄色和蓝色，它们分别代表抚慰、增进和摧毁（Peter van Ham and Amy Heller, *Alchi: Treasure of the Himalayas*, 190）。

图5　阿奇寺三层殿多杰钦姆及坐骑，13世纪初

图6　阿奇寺三层殿财源天女/绿度母，13世纪初

媒介（如画稿、小型卷轴）、工匠口诀，甚至是道听途说，在移译过程中会不可避免地出现不同程度的误差。即便叠染这样相对简单的手法，某些误译方式也会让其原本的塑形功能丧失殆尽。

炳灵寺西秦第169窟堪称佛教石窟艺术的误译典型。它不是人工开凿的石窟，而是利用了一个天然洞穴，内部的壁画、浮塑及佛龛分布缺乏统一布置。阿旃陀等南亚、中亚石窟并置了彩绘浮塑（浮雕）和有塑形的壁画，意图通过对比来强化雕塑与绘画各自的浮出效果。而在第169窟，彩绘浮塑和壁画的安排虽错落却无致。除了"朱及青绿所成"[25]及单色平涂肌肤，其赋彩几乎完全背离了"天竺遗法"，尤其是南亚及西域的肌肤塑形法（图7）。在此，线条思维控制了壁画的制作，初始的土红线既规划着形象的大致布局，也规定着神祇和人物的粗略轮廓，接下来的墨线则起着确立轮廓的作用。画匠用线条思维来"归化"人物塑形：他们或保留轮廓线内部的初始土红线，或沿部分墨线再次画出土红线条，最后用笔将眉头、双眼、鼻梁、颈部等处涂白。[26]叶生、叠染、点生以及它们所能造就的凹凸效果，显然不是这些画匠图画智力的一部分。

同样误译的莫高窟第428窟，甚至可被视作一次有意的曲解。在这里，塑形不过是用毛笔沿着各类黑色轮廓线快速地涂抹赭色线条而已（图8）。之所以会出现这一现象，除了强大的线条思维外，更关键的是弥漫于莫高窟北周匠人中间的一种氛围：为了在最短时间

[25] 许嵩：《建康实录》，北京：中华书局，1986年，第686页。

[26] 根据壁画现在的状态，已经很难判断现存的土红线，哪些是初始线，哪些是制作中后期阶段的产物。（张宝玺：《炳灵寺的西秦石窟》，甘肃省文物工作队、炳灵寺文物工作站编：《中国石窟：永靖炳灵寺石窟》，北京：文物出版社，1989年，第192页）

图7　炳灵寺第169窟
第12号龛飞天，西秦

图8　莫高窟第428窟
南顶飞天，北周

内完成创作,他们可以敷衍了事,不惜频出败笔。无论是在效仿莫高窟更早洞窟的做法,还是在放大、演绎小型画稿,第428窟的所谓"凹凸画"绘制水平仿佛又回到一个半世纪之前的炳灵寺第169窟,那时,尚处于石窟艺术的探索期。

但是,不管上述印度及汉地塑形法成功与否,它们所帮助营造的图像世界共享着一个特质,即它们都是"抽象光"的世界。没有人会比克拉姆里什诗意的语言更能准确地描述这类世界:

> (这)是一片没有影子的土地。它完全沐浴在心灵之光中;没有哪个角落是黑暗的,每一物都有圆满的造型,大放光芒,明亮且内容清晰。在绘画世界里,当其他地方(的传统)进行立体塑形时,没有哪一个会为躯体进行了如此充分的上明暗却又不投下任何阴影。(不过,)阴影就是些偶发事件,而且,当形式的整齐对画中人物而言至关重要之时,就像人物的名字对于人物那般重要之时,阴影就会摧毁形式。在这些绘画中,完全没有光源。人物将光带进了为他们的身体进行塑形的色彩之中。画家让一幅画升起,当通过塑形,通过用色彩、色调和高光等上明暗法来圆满完成这些人物的时候,他就将生命赋予人物。高光也会升起——事实上,有时画家用厚厚的白色来赋色。高光是他们的生成模式中最后的痕迹,它既不缘起于外部光源,

也不会让人物变得透明。它令人物坚实的体积更加完备。每个
人物的光明都局限在人物的边界之内，是人物自身物质性的一
部分。[27]

在这样的图画世界里，明暗之别是高低、深浅之别，凹凸不平
的塑形与光源无关，也与光和影的对比无关。画中所有事物仿若处
于充满了漫射光的永恒世界。图像里的凹凸塑形与影子无关，只是
表述高低不平，这显然也是中古汉地的一种常识。9世纪初，慧琳
在解义《佛本行集经》《大宝积经》《大乘庄严经论》诸经中的"凹
凸"一词时，仅将其释为"凹陷也、凸起也"[28]，"凹凸"的寓意并
不包含光影。

艺术史家大卫·萨默斯曾评价阿旃陀壁画等亚洲绘画中的塑形：
"印度和中国画中人物的塑形小心谨慎、克制，即便可以发现一些塑
形的例子，但（它们）没能形成一个传统——在其中，光可以像在西
方绘画当中那样得到持续、透彻的研究并且被主题化。"[29]他还指
出："人们倾向于把塑形当作习以为常的事情，不过，在世界艺术史
中，它其实是个特例。事实上，它近乎是西方古典和新古典时期绘
画的专利。"[30]萨默斯在得出这类结论时，西方艺术史上有关塑形的
经典论述和作品构成了他的镜子，而亚洲各塑形案例是镜中浮现出
的映像。显然，复原这面镜子是衡量映像失真与否的首要一步。

[27] Kramrisch, "Ajanta"
284.

[28] 慧琳：《一切经音
义》，《大正新修大藏
经》第54册，中国台湾
新文丰出版有限公司
1983年，第681页。"凸
凹……亦俗字，象形正作
垤，从土从姪，省声字
也，书云垤蚁封垤，高起
也。""凹凸……皆古文象
形字也，或作宎垤也。"
(《一切经音义》，《大正
新修大藏经》第54册，第
636、389页)

[29] David Summers,
"Emphasis: On Light,
Dark, and Distance", in
Claudia Lehmann (ed.),
Chiaroscuro als ästhetisches
Prinzip: Kunst und Theorie
des Helldunkels 1300-1550,
Berlin and Boston: De
Gruyter, 2018,177.

[30] Summers, "Empha-
sis: On Light, Dark, and
Distance", 176.

（二）塑形作为艺术的极致

人类绘画史始于在自然表面上绘制可辨识形象，对形象所在平面进行不断加工是绘画发展的有机组成部分。[31] 平面造就了绘画的一个"技术趋势"，即在二维媒介上制造立体感的可能性。对于塑形的各类探索，使这一趋势呈现为不同的"技术事实"[32]。塑形现象很可能出现于人类绘画史之初[33]，而西方艺术史上一系列的塑形技术事实构成了一个几乎没有中断的传统——塑形尤其是"环地中海古典艺术及中世纪以后欧洲艺术的根本组成部分"[34]。

塑形属于绘画创作的"弱知识"（weak knowledge）[35]，它与可以造就进深感的重叠、前缩、减缩（近大远小）、斜线、高光等简单图画手段一致。这带来两个结果：一方面，塑形会因实践者的不同而出现多种变体，倘若假以机会，每个实践者都会演绎属于自己的塑形"舞蹈"；另一方面，塑形时常会受到以几何光学为基础的线性透视、色彩透视法、敏锐度透视等更为精准的"强知识"的制约，并与后者形成紧张关系。如果它还能够与透视形成一种合作关系的话，那个透视也一定是"反透视"。[36]

因塑形而出现的立体感是对视觉的一个抽象。一般而言，明暗的对比或渐变，须凭借调整色彩浓淡或紧压笔尖、叠加笔

[31] Meyer Schapiro, "On Some Problems in the Semiotics of Visual Art: Field and Vehicle in Image-Signs", *Theory and Philosophy of Art: Style, Artist, and Society*, New York: George Braziller, 1994, 1–32.

[32] "技术趋势""技术事实"是人类学家勒瓦－古昂的术语，参见 André Leroi-Gourhan, *L'Homme et la Matière*, Paris: Albin Michel, 1943。

[33] Summers, "Emphasis: On Light, Dark, and Distance", 166.

[34] David Summers, *Real Spaces: World Art History and the Rise of Western Modernism*, 478.

[35] 关于"弱知识"的定义，参见 Moritz Epple, Annette Imhausen and Falk Müller (eds.), *Weak Knowledge: Forms, Functions, and Dynamics*, Frankfurt am Main: Campus Verlag, 2020, 19–40。

[36] Massimo Scolari, James S. Ackerman, and Jenny Condie Palandri (eds.), *Oblique Drawing: A History of Anti-Perspective*, Cambridge, MA: MIT Press, 2012.

触等方法来取得。[37] 西方绘画中最常见的塑形法"上影
线"（hatch/hacher/hacken），便主要通过硬笔、蜡笔或刻
刀在形状表面上的快速移动，作出平行或交错的急促笔
触，其手段颇似南亚的"叶生法"。当然，"上影线"完
全可以凭借笔和刻刀以外的媒介来达成，甚至更胜一筹。
正如"上影线"的本义所暗示，除了"剁""切""刻"
等绘画行为，还可经由镶嵌行为来实现塑形。[38] 瓦萨
里之所以将古典马赛克镶嵌画视为"永恒的"和"高贵
的"，正因为镶嵌法为他理解绘画的塑形提供了一个突破
口。[39] 同样，贡布里希对罗马镶嵌画赞赏有加，也因为
它最完美地体现了塑形时所使用的色调代码——它成为
"后世西方艺术一切发展的基础"[40]。

　　的确，当面对类似"海神尼普顿和安菲特里忒之
家"中的罗马镶嵌壁画（图9）时，我们见证的正是塑形
在墙壁上造就凹凸不平的能力。塑形手段除了人物肌肤
的明暗渐变法之外，还包括周边纹样所使用的不同冷暖
色的直接并置。类似的马赛克思维和技法在中世纪仍然
得到广泛使用，有时甚至被发扬光大，真正实现了"马
赛克"一词的本义"出自缪斯的作品"（musaicum）[41]。
此时，肌肤除了依靠色值的渐变而得到塑形，不同冷暖

[37] Summers, *Real Spaces*, 544.

[38] Summers, *Real Spaces*, 545.

[39] Anna Marazuela Kim, "'Painting
the Eternal': Micromosaic Materiality and
Transubstantiation in an Icon of Christ at
Santa Croce in Gerusalemme, Rome", in
Piers Baker-Bates and Elena M. Calvillo
(eds.), *Almost Eternal: Painting on Stone
and Material Innovation in Early Modern
Europe*, Leiden: Brill, 2018,273; Claudia
Lehmann, "The Art and Theory of Chia-
roscuro in the Early Modern Period: An
Introduction", *Chiaroscuro als ästhetisches
Prinzip: Kunst und Theorie des Helldunkels
1300−1550*,28−29.

[40]［英］E. H.贡布里希：《艺术与错
觉——图画再现的心理学研究》，杨成
凯、李本正、范景中译，邵宏校，南宁：
广西美术出版社，2012年，第35、38、
39页。

[41] 英、法、意等西方语言中"马
赛克"一词，都源自中古拉丁文词根
musaicum，意为"缪斯之作"。关于马
赛克（mosaic）、摩西（Moses）和镶嵌
物（tesserae）各词语之间在西方艺术和
神学传统中的复杂关系，艺术家的思考
可能更具启发性，参见Judith Seligson,
*Gaps and the Creation of Ideas: An Artist's
Book*, Newcastle upon Tyne, UK: Cambridge
Scholars Publishing, 2021,111−133。

图9　"海神尼普顿和安菲特里忒之家"中的罗马镶嵌壁画，公元1世纪，意大利赫库兰尼姆古城

颜色的并置，如橄榄绿和粉色、黑色轮廓线和鲜艳的橘红色玻璃
片[42]，也成为脸部塑形的常见手段。

不过，光所造成的视错觉，一般被认为与中世纪马赛克艺术
并无太大关系，除非在一些极特殊的作品之中，如5世纪上半叶加
拉·普拉西提阿陵墓《圣劳伦斯的殉教》镶嵌画（图10）。此处的
马赛克既有凹凸也有光，西方绘画塑形的过去和未来在此同时出现：
人物和物体的绿色投影的根基是古典几何光学；表达远近高低的圣
劳伦斯衣袍的黑白塑形以及书橱的白边暗地，致敬古希腊塑形艺术；
而劳伦斯、书橱等明亮部分与紧紧包围着它们的深蓝色暗背景形成
的明暗"强调"（emphasis），则指向文艺复兴时期才变得成熟的一
种艺术语言。[43]

在中世纪的绝大部分时间里，这面墙确实是个例外。总体而
言，中世纪马赛克的视觉兴趣集中在制造凹凸感上——占据主流的
是类似"表面的粗糙是美的"[44]的观念。只是在12世纪晚期或13
世纪初，海塞姆的《光学之书》(Kitāb al-Manāzir)的拉丁文译本开
始在欧洲传播，几何光学再次成为欧洲知识体系的一部分，塑形的
意蕴才变得复杂起来。自此，塑形不仅要服务于凹凸、远近的制造，
还要服务于光影的表达。[45]

对塑形的如是理解持续到文艺复兴时期。当时的理论家和画家
在思索、探讨绘画塑形时会显得犹豫不决：有时回顾中世纪早期的

[42] Liz James, *Mosaics in the Medieval World: From Late Antiquity to the Fifteenth Century*, Cambridge: Cambridge University Press, 2017, 83-84.

[43] Summers, "Emphasis: On Light, Dark, and Distance", 167.

[44] 这是中世纪波兰自然哲学家威特罗（Vitello，约1220-1280）的说法。维特鲁威使用asperitas来命名浮雕，意为"表面的粗糙"（Christopher R. Lakey, "Scholastic Aesthetics and the Medieval 'Origins' of Relief/rilievo", *Chiaroscuro als ästhetisches Prinzip*: Kunst und Theorie des Helldunkels 1300-1550, 130-136）。

[45] Lakey, "Scholastic Aesthetics and the Medieval 'Origins' of Relief/rilievo", 130-131.

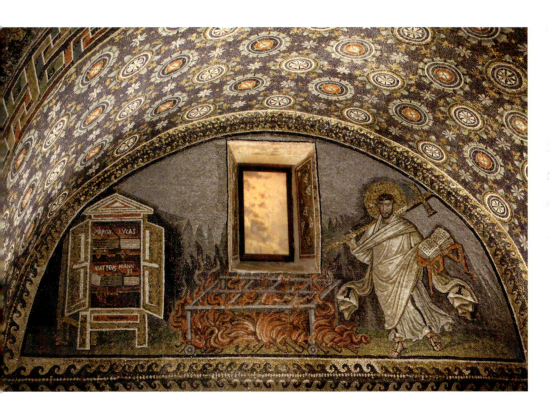

图10 加拉·普拉西提阿陵墓《圣劳伦斯的殉教》镶嵌画，约425—450年，意大利拉维纳

理论，有时又会拥抱被他们重新发现了的几何光学原则。第一个使用"明与暗"（chiaro-scuro）和"立体感"（rilievo）这对概念的琴尼尼便持守前者。依照他的说法，画面中安排明暗的目的是定义所描绘躯体和物体的立体感。[46]塑形依赖于特定颜色的明暗渐变：用白色塑形会给形象带来最小的色值，相应的身体部分的前凸便得以实现，身体后退的部分则用更暗的色调表现，而位于两个极端之间的是一个中间色。[47]琴尼尼尚不涉及光源问题，依旧遵循着6世纪的"菲洛波诺斯法则"（rule of Philoponus），画中的黑白对应着自然界中的凹凸或者说浮雕表面上的高低。[48]

对琴尼尼有过巨大影响的乔托应该会认同"表面的粗糙是美的"。乔托所绘斯克罗威尼礼拜堂（Cappella degli Scrovegni）北壁壁画（图11）人物肌肤与衣纹，令这些人物变得仿若雕刻，令所有的画面都带上了高低起伏的石头般的质感。这种效果不仅存在于壁面下方模拟浮雕的灰色调单色画（grisaille）人物以及穿插其间的、以壁画模拟出来的大理石纹样，也存在于主要画幅中所有人物的躯体。

与琴尼尼相比，阿尔伯蒂选择将中世纪海塞姆的光学原理进一步发扬光大，并借此将绘画带入现代的黎明。从此，意大利文中的rilievo一词得到广泛使用，取代了之前的romineo、

[46] rilievo或许与拉丁文relevare（使升起、使变轻）有关，参见Lakey, "Scholastic Aesthetic and the Medieval 'Origins' of Relief/rilievo", 128.

[47] Claudia Lehmann, "The Art and Theory of Chiaroscuro in the Early Modern Period: An Introduction", Chiaroscuro als ästhetisches Prinzip: Kunst und Theorie des Helldunkels 1300—1550, 10-11.

[48] 拜占庭语言学家和神学家约翰·菲洛波诺斯（John Philoponus, 490—570）在评论亚里士多德的《气象学》时曾说："如果你在同一画面上施黑白两色，然后隔一定的距离观看，你会发现白色的那块总显得离你近一些，而黑色的那一块总显得远一些。因此，当画家想画诸如水井、水池、水沟或山洞之类的凹陷物体时，总是使用黑色或褐色。但是，如果他们想使某些显得凸出时（例如姑娘的胸脯，向外伸出的手或者马腿），他们会在这些部位的四周着黑色，这样边上的部位就会有退远的感觉，而中间的部位则有前凸的感觉。"（[英]E. H.贡布里希：《阿佩莱斯的遗产》，范景中、曾四凯等译，南宁：广西美术出版社，2018年，第12页）

图11 乔托所绘斯克罗威尼礼拜堂北壁壁画,约1305年,意大利帕多瓦

emineo或asperitas等拉丁语汇，透视和立体感开始在光学理论的指导
下被放在一起讨论，画家的目标变成了在二维平面上创造出"几何
意义上可信的空间里的"有凹凸的人和物——人和物及它们所在空
间都必须真实确凿。[49]阿尔伯蒂重复着海塞姆及其拉丁评论者的几
何光学对光影中凹凸表面属性的关切。现在，凹凸表面具有了双重
属性：一方面，光影在凹凸的表面那里得到了最为清晰的显现；另
一方面，黑白组合造成最大的凸起效果。古老的菲洛波诺斯法则得
到了根本改造，白与黑、淡与浓的对比，仍会对应高与低、远与近，
但更为重要的是，它们还对应了光与影。[50]在阿尔伯蒂眼中，画中
的明与暗变成了一个审美原则，规定着三个事物：首先是色彩的统
一安排，其次是光影分布，最后才是各凹凸面的表现。[51]

　　凹凸感必须受制于某种整体视域，这成为阿尔伯蒂之后的文艺
复兴画论的一个基调，瓦萨里就认为是构图的和谐与统一在控制着
明暗塑形。不过，"表面的粗糙是美的"这一思维依旧重要，塑形成
功与否甚至可以决定一幅绘画作品的成败：

　　　　一幅画就是木板、墙或画布表面上被色块覆盖的一个平面，
它填充着上面我们提及的轮廓——通过那些无所不包的线条构
成的优良素描（disegno），轮廓包围着人物。如果画家利用好的
判断力来处理他的扁平表面，让中央部分保持明亮，边缘和背

[49] Lakey, "Scholastic
Aesthetics and the Medi-
eval 'Origins' of Relief
rilievo", 126-127.

[50] Lakey, "Scholastic
Aesthetics and the Medi-
eval 'Origins' of Relief
rilievo", 129.

[51] Lehmann, "The
Art and Theory of Chi-
aroscuro in the Early
Modern Period: An Intro-
duction", 22.

52] *Vasari on Technique*,
trans. Louisa S. Maclehose,
London: J. M. Dent &
Company, 1907,208–209;
Lehmann, "The Art and
Theory of Chiaroscuro in
the Early Modern Period:
An Introduction", 21.

53] Lehmann, "The
Art and Theory of Chi-
roscuro in the Early
Modern Period: An Intro-
duction", 28.

54] *Vasari on Tech-
nique*, 240; Claudia
Lehmann, "The Art and
Theory of Chiaroscuro in
the Early Modern Period:
An Introduction", 23.

55] 实际上,达·芬
奇思考的几个核心绘画
问题之一,就是人物与
背景的连续方式,参见
Lehmann, "The Art and
Theory of Chiaroscuro in
the Early Modern Period:
An Introduction", 26。

景晦暗,中间地带为介于明暗的中间色,那么三个色域组合的
结果就会是:位于轮廓线之间的每一事物都会凸出,看似圆滚,
有立体感。没错,这三种明暗无法满足所有需要进行细节处理
的物体,由此有必要将每一种明暗再至少分成两个"半明暗",
让明亮的部分由两个"半着色"组成,晦暗的部分由两个稍微亮
的着色组成,中间的明暗由另外两个半着色组成,其中一个趋
向亮,一个趋向暗。无论如何,这些着色都只是一种颜色而已,
当它们的渐变发生的时候,我们就会看到一个过渡,从光亮的
开始,然后是没那么光亮的,然后稍许暗,渐渐地我们见到了
纯黑色。[52]

我们须要注意的是,当瓦萨里谈及明暗法之时,他指的不仅仅
是人物身体内部结构的明暗塑形。明暗法也可以指围绕人物轮廓的
地点或空间的明暗布置,这布置与光源没有太大关系,它更像是一
个绘画构图原则、一个有说服力的图画逻辑——图画逻辑胜过自然
光照现象。[53]其中最和谐的明暗构图出现在灰色调单色画之中(图
12),这类绘画与素描的关系更近,"因为(其中的人物)是对大理石
和青铜及各类石头雕像的描摹"[54]。于是,如何让有明暗塑形的、雕
塑般的人物与周围的暗背景有机地接洽就变成了问题的关键。[55]当
人物塑形和周围的明暗被天衣无缝地结合在一起,作品就会在观者

那里"造成巨大的魔力和生动的在场"[56]。

正如前文所言，《圣劳伦斯的殉教》镶嵌画同时展示了西方绘画塑形的过去和未来。明亮的人物与周围暗背景的"强调"（并置）在十个多世纪前还非常前卫、罕见，到了瓦萨里时代逐渐演变成较为常见的明暗法构图。这类构图本质上是通过并置两种相反的事物，从而让对比变得更直接。取得最具说服力的视觉在场效果、使"修辞"效果最大化是这一构图冲动的根本追求。[57]它曾服务于达·芬奇内敛的明暗绘画（图13），也曾服务于极具戏剧效果的灰色调单色画、卡拉瓦乔及其追随者的暗色调主义（tenebrism）绘画（图14）。它是格列柯、伦勃朗、戈雅、库尔贝、依肯斯所使用的重要图画手段，也是19世纪因黑色颜料的新发明而创作的法国黑色调素描及版画的构图原则，更是最宽泛意义上的西方"现实主义"绘画传统的根基。[58]晚近以来，它又成为毕加索的《格尔尼卡》、黑白摄影、沃霍尔《灾难系列》以及"黑色电影"的构图原则。[59]在昆体良的修辞学中，"强调"是修辞的"装饰"之一，它不只为了让事物变得可以理解，而是变得更加可以理解，更为"不可置疑"（emphatic）。[60]修辞是为了实现"劝说"（persuasion）而做出的雄辩艺术，凹凸法和明暗法也是指向"劝说"的修辞——轮廓线内人体肌肤的塑形是一种渐变修辞，明暗法是一种突变修辞。

由此一来，同样以明暗对比为基础的明暗法与凹凸法之间的界

[56] Lehmann, "Th
Art and Theory of Chi
aroscuro in the Earl
Modern Period: An Intro
duction", 24.

[57] Summers, "Em
phasis: On Light, Dark
and Distance", 165.

[58] Summers, Rea
Spaces, 548.

[59] Summers, "Em
phasis: On Light, Dark
and Distance", 165.

[60] Summers, "Em
phasis: On Light, Dark
and Distance", 168.

图12 热罗尼莫·达·特莱维索,《镜中婴儿的奇迹》,灰色调单色壁画,尺寸不羊,1525—1526年,意大利博洛尼亚萨拉功尼礼拜堂

图13 列奥纳多·达·芬奇,《施洗者圣约翰》,板面油画,69厘米×57厘米,约1513—1516年,卢浮宫

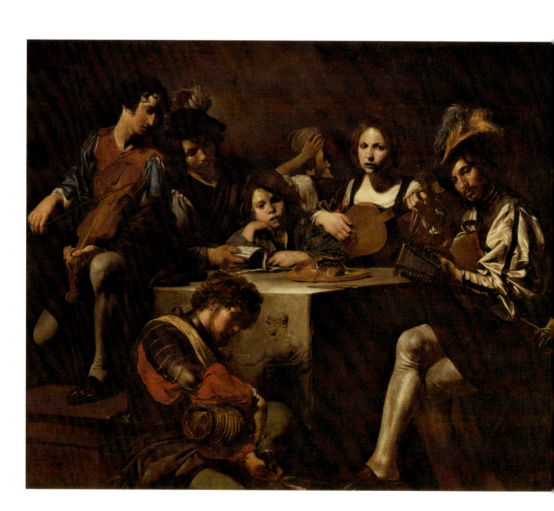

图14　瓦伦丁·德·布洛涅，《带有高浮雕的音乐会》，布面油画，173厘米×214厘米，约1624年，卢浮宫

61] Summers, "Em-
phasis: On Light, Dark,
and Distance", 181.

62] Albert Boesten-
Stengel, "Helldunkelre-
ief: Leonardos da Vinci
anima della pittura und
Aristoteles' Poetik", Chi-
aroscuro als ästhetisches
Prinzip: Kunst und Theo-
rie des Helldunkels 1300–
1550,141–164.

63] Summers, "Empha-
sis: On Light, Dark, and
Distance", 165、18.

64] Lehmann, "The
Art and Theory of Chi-
aroscuro in the Early
Modern Period: An Intro-
duction", 34.

65] Summers, "Em-
phasis: On Light, Dark,
and Distance", 182.

限就变得模糊,"强调"的明暗法成为一种极端的凹凸法。在某种程度上,它就是发生在一个统一视域中的塑形,是人体肌肤渐变塑形的极端发展,其成功与否有赖于肉体自身的明暗塑形。达·芬奇最后创作的一组绘画,之所以会让人产生"在夜间而不是白天的光中创作的"印象,就是因为他利用了黑白的最大对比以及色彩的最小对比,去"寻找发现更好的塑形——而这正是艺术的目的和极致"[61]。在达·芬奇的世界里,明暗凹凸永远高于漂亮的色彩,塑形及其造成的隆起是绘画的主要关怀和灵魂。[62]

　　人体凹凸法与明暗法构图结合在一起而形成的双重塑形,就是在探索人类感知的极限,以及凭借感知而获取知识的极限。它既实现了透视的根本目的——清晰(perspicuitas),也在探寻着作为动物的人类的视觉感知基础,"一个自然与心理动力组成的新世界"因它而出现了。作为一种构图原则,它最擅长表达那些直接但又令人焦虑的不可把握之事,如神迹、崇高事物、突然的事件、惊奇、惊悸、暴行等。[63]一旦出现,它就成为西方艺术家表达戏剧化活动和强烈情感的常用手段。[64]萨默斯为达·芬奇的《施洗者圣约翰》(图13)所作的"敷词",或许可以用来理解所有这类画面:"黑暗不仅是一个背景,它还是一个母体,任何事情都可以在其中或从那里出现。不过,这些现出的事物,径直而来,之前从未被见到,尚须命名,或者永远无须命名。"[65]

（三）渴望"凹凸"

在探索发生于平面上的虚拟性时，不同艺术传统的方式各异。
在西方绘画传统中，同塑形紧密相关的明暗法和凹凸法之间始终存
在一种微妙的关系，有时甚至很难将两者加以区分。库马拉斯瓦米
将它们视为对立两极的做法，显然过于偏颇。

为了修正库马拉斯瓦米的说法，也为了最终理解南亚绘画中的
凹凸法，我们来比较艺术史上的四面壁画：1世纪赫库兰尼姆古城的
罗马镶嵌画（图9）、5世纪莫高窟第272窟壁画（图15）、5世纪阿旃
陀第2窟主室正壁壁画（图3）以及15世纪中叶安吉利科在圣马可修
道院绘制的壁画《圣母和如影随形的圣徒》（图16）。面对它们，文
化史家可能会欣喜地读出罗马文化对南亚艺术以及南亚艺术对中国
艺术的影响，同时感叹西方艺术传统的持续与永恒；艺术史家则看
出了人类对于凹凸人物和凹凸纹饰的普遍渴望——塑形这一"技术
趋势"可以存在于所有艺术传统之中。

迪迪-于贝尔曼对其中的安吉利科画作下方的大理石纹样做出过
如此评价：

> 此处是这样一种绘画——它在表征面前寻求着"在场"。设计它
> 时，不是为了让它后退，像一幅经典风景画在它画框后面退后而去那
> 样。相反，设计它时，是想让它扑向眼睛，扰动眼睛，触摸眼睛。[66]

[66] Georges Didi-Huberman, *Fra Angelico: Dissemblance & Figuration*, trans. Jane Marie Todd, Chicago: University of Chicago Press, 1995,10.

图15 莫高窟第272窟壁画(局部)、北凉

图16 安吉利科,《圣
      母 和 如 影 随 形 的 圣
      徒》,湿壁画,尺寸不
      详,约1438—1450年,
      佛罗伦萨圣马可修道院

其实，这同样可以用来描述虚拟大理石上方的那个塑形丰满的"表征"画面。而且，倘若去除掉它的神学内涵，它也几乎可以用来描写上述所有四面壁画。

当然，如果仅仅利用照片对比以上作品，在南亚、中亚和汉地艺术之中，作为绘画修辞的塑形手法的确没有作出任何强有力的雄辩：没有发生在一个统一的视域之中；自始至终都发生在人物躯体的内部；从不考虑画中的光源问题，如果有一个假想的光源，那也一定是来自上方、前方的"马赛克"光源，或者用库马拉斯瓦米的话，是一种"抽象光"。只需比较南亚、中亚及汉地的叶生法、叠染法、点生法和欧洲中世纪开始兴起的各类"影线""点彩"，我们就能看出萨默斯对亚洲塑形的评价并非妄言，前者真的是"小心谨慎且克制"，带着"粉饰的细腻"[67]，有时甚至到了教条的地步。如果像阿旃陀壁画这样的南亚凹凸画——其中绝大部分塑形并未能够造成真正的肌肤感或雕塑感——已经是"希腊绘画的回响"[68]，那么南亚以外地区的作品就应该是"回响的回响"了，就像细观时总显粗糙的中世纪镶嵌画一样，亚洲凹凸法似乎始终未能走出它自己的经院主义。

67〕Summers, "Emphasis: On Light, Dark, and Distance", 177; David Summers, *Vision, Reflection, and Desire in Western Painting*, Chapel Hill: University of North Carolina Press, 2007, 18.

68〕Summers, *Vision, Reflection, and Desire*, 18.

二、凹凸与远近

（一）绘画在何处得以思考

我们能得出这样的结论，是因为将东西方不同的塑形个案从它们原本的真实空间中剥离了出来。到目前为止，我们借助的是脱离了原境的凹凸画、凹凸花的现代高清图片，使用的是现代艺术博物馆和自然博物馆中常见的近距离观看展品的方式。如此观看的我们，不仅在出演着投入的、细细端详的观者角色，甚至将自己设想为正在专注创作的艺术家（或造物主），极近地观察艺术品（或自然标本），耐心地追索它的细节，想象它从无到有、从混乱到秩序、从碎片到整体的生命进程。无论我们观看的是一只巨大的螃蟹，还是一件艺术品，这样的观看都令我们窥见了隐藏在事物背后的"创造的秘密"，或者借用梵文的说法，即事物"诞生"的秘密。叶生法、叠染法、点生法、渐晕法、"强调"的明暗法不只是艺术技法，还是艺术家将生命赋予图像的手段。这样的观看方式，要求观者注意力的高度集中，要求他们的眼睛仔细地、缓慢地"抚摸"每一件作品或标本的细节。与此同时，它还要求观者摒弃常识，打破习以为常的体验方式，"当致知的对象突然变得很近，人就突然跨越了一个临界点，人就必须转换到另外一个级别的思考——如果人不想让所有的思考都被撕裂或崩塌，他就不得不做到这一点"[69]。

艺术史家阿尔珀斯将这种观看方式视为"博物馆效应"：任何一件物品，一旦在博物馆展出，就成为一个拥有视觉趣味的物品。专

[69] Georges Didi-Huberman, *Confronting Images: Questioning The Ends of a Certain History of Art*, trans. John Goodman, University Park, PA: Pennsylvania State University Press, 2005, 232.

70] Svetlana Alpers,
The Museum as a Way
f Seeing", in Ivan Karp
nd Steven D. Lavine
eds.), *Exhibiting Cul-
ures*, Washington, D. C.:
mithsonian Institution
ress, 1991, 25-32.

71] Alpers, "The Museum
s a Way of Seeing", 25.

72] 关于"运动视
觉",参见 Michael F.
immermann (ed.), *Vision
n Motion: Streams of
ensation and Configu-
ations of Time*, Zürich:
iaphanes, 2016; Alva
oë, Action in Perception,
ambridge, MA: MIT
ress, 2004. 当然此论
题的经典研究仍然是
ames J. Gibson, *The Eco-
ogical Approach to Visual
erception*, Hove, UK:
sychology Press, 1979.

73] Didi-Huberman,
onfronting Images, 233.

注的驻足观看、作品"手作感"和物质（包括色彩与点线）"生命感"的加强都成了必然。[70]我们一直凝视的实则是一些由高清照片组成的纸上博物馆中的展品。凭借着现代工具，后世观者可以比艺术家本人更接近他们的作品，可以从极近处"亵玩"这些塑形的细节。正是在这个虚拟的博物馆里，我们窥见了亚洲塑形艺术的"粉饰"。

这样的近距离观看对展品本身的性状提出了严苛的要求，按照阿尔珀斯夸张的说法，它们必须是"静止的，完全暴露的，死了的"[71]，脱离了各种鲜活原境，就像童年阿尔珀斯在自然博物馆玻璃展柜中看到的那只巨大螃蟹的状态一样——显然，如此地就近端详、打量只能是人类观看的条件性之一，虽属必要，但又多少显得极端而做作。

前文见证的绝大部分作品是壁面艺术，它们属于墙壁、神龛、祭坛、屏风。即便后来出现的架上绘画，同样与观者形成了相互直面的对峙关系。为了探寻这类绘画的究竟，最大程度地获取它们的信息，人们在观看（尤其是观看塑形绘画）时需要两个必要条件。一个是身体移位。运动中的视觉（vision in motion）不仅是艺术家前后移动、观察画面的创作行为，也是真实空间中观者的基本行为。[72]另一个是移步造成的空间距离。从哪里观看蕴含着主体"寓居之所在"和"绘画在何处得以思考"[73]的问题。

对身体移位和移步造成的空间距离的关注，始终贯穿于西方塑形及透视的理论和实践之中。早在贺拉斯时代，有些绘画应该隔一

定的距离被观看已是惯见常闻："诗跟绘画一样，有一类近看比
远看悦目，另外一些向后退几步则更加悦目。"[74]中世纪的菲
洛波诺斯法则规定，画面上的黑白两色显现成凹凸的前提就是
"隔一定的距离观看"[75]。13世纪的法国长诗《玫瑰传奇》谈及
爱的非理性时，曾援引托勒密有关观画的说法："国王如画——
那写了《至大论》的人（托勒密），为这一想法提供了例证，即
一个观画者是否给予了那些画作最好的关注。若他不靠近它们，
那它们就显得可人；一旦接近，快感便终止了。从远看，它们
非常宜人，但在近处，它们就完全不是这样。"[76]爱人、友人、
王者、绘画这类事物，远观足矣；靠近则意味着垂涎和贪欲，
也意味着美好的幻灭。同样，在13世纪的威特罗、罗杰·培根
和阿奎那的论述中，观察距离之远近同样是理解事物时必须做
出的一个关键选择。[77]

　　这些中世纪论者所说的"画"，包含了作为塑形典范的马
赛克镶嵌画。决定马赛克最终外观的因素，除了用来镶嵌的小
块石头或玻璃的材料特质，铺设的方式及深度，还有相对较
远的观看距离。马赛克的混色和塑形有效与否，很大程度上
依赖于站在地面或回廊上的观者与高高在上的镶嵌画之间的距
离。[78]圣索菲亚大教堂的圣母通常以正面形象出现在艺术史著
作中（图17），这归功于在脚手架或二层回廊上拍摄的高清照

[74][英]E. H.贡布里希
《艺术与错觉——图画再现的
心理学研究》，杨成凯、李本
正、范景中译，邵宏校，南
宁：广西美术出版社，2012
年，第169－170页；E. H.
Gombrich, Art and Illusion: A
Study in the Psychology of Pic-
torial Representation, Prince-
ton: Princeton University Press,
1969,192。

[75][英]E. H.贡布里希
《阿佩莱斯的遗产》，范景中、
曾四凯等译，南宁：广西美术
出版社，2018年，第12页。

[76] Guillaume de Lonis and
Jean de Meun, The Romance of
the Rose, trans. Charles Dahl-
berg, Princeton: Princeton Uni-
versity Press, 1995,307－308；
[英]E. H.贡布里希：《艺术
与错觉——图画再现的心理学
研究》，杨成凯、李本正、范
景中译，邵宏校，南宁：广
西美术出版社，2012年，第
169－170页。译文略有改正。

[77] Lakey, "Scholastic Aes-
thetics and the Medieval 'Ori-
gins' of Relief/rilievo", 132.

[78] James, Mosaics in the
Medieval World, 50.

片。然而，照片展示的是被"扭曲"的圣母样貌，她的鼻子、下颌、两颊上分布着怪异的黑白棋盘格，除了制作作品的中世纪工匠，可能没有人会见到如此样貌的圣母。事实上，观看圣母形象原本要在下方三十米的教堂地面上，而且观者要尽力向上仰望才能见到（图18）。[79] 在抬升的视线中，马赛克组合为动人的形象：黑白棋盘格化为灰色调的肌肤，各种灰色、金色、黄色和蓝色变成阴影和塑形，红蓝色棋盘格做成的衣袍显现成坚实的红色，通过并置明暗不等的蓝色制成的圣母的衣袍变成黑色，金色圣子从这黑色背景上向前涌现出来。[80] 显然，在镶嵌玻璃片或石头小块时，工匠们考虑的是远距离的视觉效果[81]，近距离地正面观看，反而让它们的细节变得"模糊不清，过于鲜艳，似乎未完成"[82]，似乎就是些色块的聚集。因此，马赛克以一种最直白的方式彰显着所有塑形的本质，即塑形是一种镶嵌、编织和拼接。所谓"马赛克现象"（mosaic pheneomenon），就是看似无关的、不同的细小部分被组合在一起时，具备构成一个和谐整体的可能。在制作过程中或贴近观看时，各细节并无明确的意涵；真正的意义要在一段距离之外或生命完成之后，才可以体察到。

　　不同的空间距离造成了绘画的不同现实，同一幅绘画在远观和近视时会转化为完全不同的事物。这最基本的现象学也是文艺复兴之后西方绘画批评中一个永远的话题，它曾让笔触一度变成绘画的

79] James, *Mosaics in the Medieval World*, 47.

80] James, *Mosaics in the Medieval World*, 81.

81] James, *Mosaics in the Medieval World*, 77.

82] James, *Mosaics in the Medieval World*, 77.

图17 圣母像(局部),6世纪

图18　圣索菲亚大教堂内景

根本问题。以提香为例，他是描摹各种质料华丽的衣衫和珠宝的能手，更是描摹肌肤的大师。他早期笔触的过人之处，就在于让颜料与手的痕迹变成光以及光之中的肉身，他的笔似乎不是在触碰画布，而是在抚摸肌肤。[83] 但提香晚期画作的笔触开始变得随意、粗放，这就使得近视还是远观成为关键所在：

　　　虽说他早期作品的制作带着一种精致和无与伦比的细心，既是为了近视也是为了远观，但他最后的作品使用如此粗狂、如此大胆的笔触，以及如此宽的轮廓线，以至于它们不可能近视——但在一定距离之外，却又显得完美。[84]

有学者将瓦萨里对提香晚期画作的这一评价称为 "托斯卡纳偏见"，即画应该从远处观看，人与作品之间应该保持一段冷静的距离[85]；也有人将此类描写当成绘画需要观者的补足这一现象的完美例子[86]。不过，提香晚期画作的真正意图，其实是鼓励观者在它们面前不断地转换距离——要想真切感受唯有图画才能创造的奇迹和魔力，身体的移动是唯一方式。

　　在生命的最后二十年里，伦勃朗将提香晚期画作的笔触随意性（sprezzatura）的潜力发挥到了极致，在珠宝、金属物、肌肤等部位厚涂颜料，看起来像是用刮刀涂抹上去的（图19）。据说，每当好

[83] Maria H. Loh, *Titian's Touch: Art, Magic and Philosophy*, London Reaktion Books, 2019, 8-12.

[84] Giorgio Vasari, *The Lives of the Artists*, trans. Julia Conway Bondanella and Peter Bondanella, Oxford: Oxford University Press, 1998, 503-504 后来的狄德罗对夏尔丹的绘画做出过类似的评价："走近，所有的事物都模糊了起来，变得扁平，消失了；走远，所有的就再次得以再造和重生。"（Didi-Huberman *Confronting Images*, 307-308）

[85] Jodi Cranston, *The Muddied Mirror: Materiality and Figuration in Titian's Later Paintings*, University Park, PA Pennsylvania State University Press, 2010, 3.

[86] E. H. Gombrich, *Art and Illusion: A Study in the Psychology of Pictorial Representation*, 195.

图19　伦勃朗，《浪子回头》，布面油画，262厘米×205厘米，1661—1669年，圣彼得堡埃尔米塔日博物馆

奇的观众试图贴近画面去探寻究竟之时，画家都会把他们拉回来，并做出这样的警告："别让你的鼻子碰到我的画——颜料的味道会让你中毒的。"[87]这警告当然只是一个戏谑，其真正目的"是向那些对于绘画技艺有兴趣的人"，发出一个"请您走近看"的邀请。[88]

（二）远近与"二相"

　　凹凸画和凹凸花在亚洲的情形也是一样，至少在其所处的南亚语境中，观者的移动及其所造就的远观和近视是创作和观看绘画时的重要考量。值得注意的是，依据南亚的一些佛教哲学传统，远观和近视能够造就不同的样貌。这不仅是观画的特质，也是所有"眼识"的特质。与法相唯识宗关系密切的佛典尤其喜爱征引绘画作为譬喻，如《大乘入楞伽经》："如是凡夫，恶见所噬，外道智慧，不知如梦自心现量，依于一异、俱不俱、有无非有非无、常无常见。譬如画像，不高不下，而彼凡愚，作高下想。"[89]无著在《大乘庄严经论》中也有类似比喻："譬如善巧画师能画平壁，起凹凸相，实无高下而见高下。不真分别亦复如是，于平等法界无二相处，而常见有能所二相。是故不应怖畏。"[90]

　　就近触摸壁面是破除平壁上出现凹凸高下这一妄见的方法之一。唐代法藏在疏证《大乘密严经》"诸观行者观一切世间，如缋像中而有高下"一句时称："如缋像中而有高下者。壁上画像，实无高下，

[87] Gombrich, *Art and Illusion*, 196.

[88] Giles Knox, *Sensory Knowledge and the Challenge of Italian Renaissance Art: El Greco, Velázquez, Rembrandt*, Amsterdam: Amsterdam University Press, 2019, 152.

[89]《楞伽阿跋多罗宝经》，求那跋陀罗译，《大正新修大藏经》第16册，第491页。比较实叉难陀译本："譬如画像无高无下，愚夫见作高下想。""生唯是识生，灭亦唯识灭。犹如画高下，虽见无所有；诸法亦如是，虽见而非有。"（《大乘入楞伽经》，实叉难陀译，《大正新修大藏经》第16册，第601、626页）

[90] 无著菩萨：《大乘庄严经论》，波罗颇蜜多罗译，《大正新修大藏经》第31册，第622页。

[91]《大乘密严经》，地婆诃罗译，《大正新修大藏经》第16册，第727页；《大乘密严经疏》，《卍新纂大日本续藏经》第21册，东京：国书刊行会，1975—1989年，第131页。

[92] 朱景玄：《唐朝名画录》，王伯敏、任道斌主编：《画学集成·六朝—元》，石家庄：河北美术出版社，2002年，第80页。

[93] 许嵩：《建康实录》，北京：中华书局，1986年，第686页。

[94] 最近二十年，关于"佛影窟""佛影铭"的研究众多，可参见梅林：《仰模神影，仿佛真容——云冈鹿野苑石窟揭秘》，中山大学艺术史研究中心编：《艺术史研究·第4辑》广州：中山大学出版社，2002年；Nobuyoshi Yamabe, The Sūtra on the Ocean-like Samādhi of the Visualization of the Buddha: the Interfusion of the Chinese and Indian Cultures in Central Asia as Reflected in a Fifth Century Apocryphal Sūtra, PhD Dissertation, Yale University, 1999, 263-298。

[95]《佛说观佛三昧海经》，佛陀跋陀罗译，《大正新修大藏经》第15册，第681页。

然凡小儿，见于壁上大小高下差别相貌。然手摩时，平无高下。真如如壁，诸法如像也。"[91] 这些"凡小儿"所面对的可能是有塑形的人物，也可能是并列了不同明暗色彩的凹凸花。传入汉地之后，这些"非中华之威仪"[92] 的外国物象所到之处，造成不小的轰动，正因远观和近视两种不同的观看方式所造就的二相。艺术史家耳熟能详的南朝梁建康一乘寺壁画，就是这样一个奇迹："寺门遍画凹凸花，代称张僧繇手迹，其花乃天竺遗法，朱及青绿所成，远望眼晕如凹凸，就视即平，世咸异之，乃名凹凸寺。"[93] 远观时，形象有了立体感；近视时，形象便消失。

在关于各类"佛影"的文献中，这一现象得到更为淋漓尽致的说明。[94] 几处佛影窟中，以北天竺那揭罗曷国龙王窟佛影最负盛名，东晋佛陀跋陀罗译《佛说观佛三昧海经》对此有较为详细的记载：

　　释迦文佛踊身入石，犹如明镜人现面像，诸龙皆见佛在石内，映现于外。尔时诸龙合掌欢喜，不出其池常见佛日。

　　尔时世尊，结加趺坐在石壁内。众生见时，远望则见，近则不现。[95]

龙王窟佛影是这时期及之后的西行求法僧必求参礼的胜迹，各类中古汉文佛典多有记录，东晋法显是较早的目击者之一："那竭城南半由延，有石室，搏山西南向，佛留影此中。去十余步观之，如佛真形，金色相好，光明炳著，转近转微，仿佛如有。诸方国王遣工画师模写，莫能及。"[96] 杨衒之根据晚出的西域天竺行记，又提供了一些更为具体的信息："入山窟十五步，四（面）向户。遥望则众相炳然，近看瞑然不见。以手摩之，唯有石壁，渐渐却行，始见其相。容颜挺特，世所希有。"[97] 比对其他文献，这里所谓"四（面）向户"，显然为"西（面）向户"之误。[98] 参拜者要先走近佛影所在的东面石壁，触摸石壁，随后再向门的方向退后远观。这也很可能就是玄奘在参礼龙王窟时，为了见证佛影而做之事：

> 东岸石壁有大洞穴，瞿波罗龙之所居也。门径狭小，窟穴冥暗，崖石津滴，磎径余流。昔有佛影，焕若真容，相好具足，俨然如在。近代已来，人不遍睹，纵有所见，仿佛而已。至诚祈请，有冥感者，乃暂明视，尚不能久。[99]

玄奘并未明确说明他如何"至诚祈请"，才使得佛影短暂明视。他圆寂后，弟子惠立编纂《慈恩传》，围绕法师参访佛影一

[96] 章巽:《〈法显传〉校注我国古代的海上交通》，芮传明编，上海：复旦大学出版社，2015年，第61页。

[97] 杨衒之:《洛阳伽蓝记校注》，范祥雍校注，上海：上海古籍出版社，1978年，第341页。

[98] Édouard Chavannes, "Voyage de Song Yun dans l'Udyāna et le Gandhāra", Bulletin de l'École française d'Extrême-Orient, Vol.3, No.1 (1903):428; Nobuyoshi Yamabe, The Sūtra on the Ocean-like Samādhi of the Visualization of the Buddha; the Interfusion of the Chinese and Indian Cultures in Central Asia as Reflected in a Fifth Century Apocryphal Sūtra, 281.

[99] 玄奘、辩机:《大唐西域记校注》，季羡林等校注，北京：中华书局，1985年，第224页。

事,添加了大量信息和情节。在他的笔下,玄奘观佛影的过程被增
殖成一出真正的戏剧。法师克服了重重困难,终于来到佛影窟前,
"窟在石涧东壁,门向西开,窥之窈冥,一无所睹"。同行老人于是
向法师传授了历代观佛影的正确方法:直入洞窟,触碰东壁后,再
向门的方向退回五十步许,"正东而观",佛影便会出现。法师依言
而行,前行触壁,后退观看,但在经过了几度"百余拜"、礼诵佛经
偈颂、发大誓愿后,奇迹才得以发生:

> 遂一窟大明,见如来影,皎然在壁,如开云雾,忽睹金山。
> 妙相熙融,神姿晃昱,瞻仰庆跃,不知所譬。佛身及袈裟并赤
> 黄色,自膝已上相好极明,华座已下稍似微昧,左右及背后菩
> 萨、圣僧等影亦皆具有。见已,遥命门外六人将火入烧香。比
> 火至,焱然佛影还隐。急令绝火,更请方乃重现。六人中五人
> 得见,一人竟无所睹。如是可半食倾,了了明见。[100]

上述记载中的所谓"影",或许对应梵文的chāyā,它同"影
子""阴影"有关,也可以指"光""肌肤"以及"形象"。[101]一个
多世纪前,画家格里菲斯就曾推测,能形成如此奇观的"佛影",应
是洞窟墙壁上的一些彩绘画像。[102]现在,我们可以进一步确证,它
们就是经过了凹凸塑形的壁画。

100] 慧立、彦悰:
《大慈恩寺三藏法师
传》,孙毓棠、谢方点
交,北京:中华书局,
2000年,第38—39页。

101] 关于历代学者对
于"佛影"含义的阐释,
参见 Nobuyoshi Yamabe,
*The Sūtra on the Ocean-
like Samādhi of the Visu-
alization of the Buddha:
The Interfusion of the
Chinese and Indian Cul-
tures in Central Asia as
Reflected in a Fifth Cen-
tury Apocryphal Sūtra*,
53。

102] John Griffiths,
*Paintings in the Buddhist
Cave-temples of Ajan-
ta*, Vol.1, London: W.
Griggs, 1896–1897,20.

与世界上其他许多圣所一样,佛影所在的这些洞穴是"观看"甚至"观想"练习的空间。[103]虽然说"画师摹写"的佛影无法企及原迹,但佛影迹向天竺之外的佛教世界传播时,显然只能依靠这些摹品。即便面对着这些已经失去灵韵的复制品以及"复制品的复制品",观者若保持移动的观看方式,依然可以见证它的神奇。中古早期,东林惠远受到《佛说观佛三昧海经》译者佛陀跋陀罗的启发,在庐山背山临流建佛影龛,观想佛影,其中画像是经"妙算画工淡采图写。色凝积,空望似轻雾。晖相炳暧,若隐而显。遂传写京都,莫不嗟叹"[104]。同样的事件也发生在北方,《魏书·释老志》所记北魏一系列佛教复兴事迹之一,就同需要远近观看的佛影像有关:"太安初,有师子国胡沙门邪奢遗多、浮陀难提等五人,奉佛像三,到京都。皆云,备历西域诸国,见佛影迹及肉髻,外国诸王相承,咸遣工匠,摹写其容,莫能及难提所造者,去十余步,视之炳然,转近转微。"[105]观看佛影及其摹本,有如观看凹凸绘画,需要"具身的视觉"(embodied vision),需要身体的参与——眼睛必须是生足的。

19世纪末,格里菲斯在指导欧洲观众如何欣赏阿旃陀壁画的油画摹本时,他几乎是在要求他们将这些复制品当成佛影像来看(图20):

为了真正欣赏这些壁画摹本,必须牢记如下事实:原作是

[103]《观佛三昧海经》在记述那竭城佛影之后,便是大段关于佛影观想次第的描述(陈金华:《佛陀跋陀罗共惠远构佛影台事再考》,《佛教与中外交流》,上海:中西书局,2016年,第115—116页)。

[104]僧祐:《出三藏记集》,《大正新修大藏经》第55册,第10□页。慧皎《高僧传》相关措辞略有不同:"妙算画工淡彩图写。色□积空,望似烟雾。晖相炳暧,若隐而显。"(慧皎:《高僧传》,《大正新修大藏经》第5□册,第358页)素珀(Soper)据慧皎文字英译,参见Alexander Soper, "Literary Evidence for Early Buddhist Art in China", Artibus Asiae Supplementum, Vol.19(1959):32–33。

[105]《魏书》卷一一四,北京:中华书局,2017年,第3299页。

图20　约翰·格里菲斯，《阿旃陀第2窟主室正壁左侧壁画摹本》，布面油画，26.05厘米×24厘米，1881—1883年，维多利亚阿尔伯特博物馆

为了特定且固定的位置而设计和绘制出来的，而且它们需要在弱光环境里观看。当近距离检视这些画幅的许多复制品时，它们显得粗糙，好像没有完成一样。不过，当在合适的距离看它们的时候（永远不要在小于距观者七米的地方），表面上的粗糙就成了一种精致的（色调）渐变。[106]

观看壁画、屏风以及挂轴等形制上的形象，意味着观者的身体与绘画形制之间、观者与形象之间形成了一种直面关系。如果这是经过塑形的形象，那么移步、远观、近视就成为见证图像奇迹的必要元素。在汉地，这一点也出现在对有塑形的山水画的评论之中，沈括在论及董源、巨然的画作时言道：

> 大体源及巨然画笔皆宜远观，其用笔甚草草，近视之几不类物象，远观则景物粲然，幽情远思，如睹异境。如源画《落照图》，近视无功，远观村落杳然深远，悉是晚景，远峰之顶宛有反照之色，此妙处也。[107]

中古时期，基于这一朴素的现象学做出的品评，不仅被用于依附在壁面的各类艺术，即便那些与壁面没有明确关系的塑形艺术，切换观看的距离，也是成功探究它们技艺奥秘的关键所在。宋代以

[106] Anonymous, "The Ajanta Frescoes," *Indian Antiquary* Vol.3(1874):27.

[107] 沈括：《新校正梦溪笔谈》，胡道静校注，上海：上海人民出版社，2011年，第123—124页。

[108] 庄绰:《鸡肋编》,
北京: 中华书局, 1983年,
第33页。纺织史学者对此
段文献的解释与作者不同。

[109] 郭熙、郭思:《林
泉高致》, 王伯敏、任道
斌主编:《画学集成·六
朝—元》, 石家庄: 河北
美术出版社, 2022年, 第
94页。

[110] 以上诸例还说明,
最能让绘画的这一魔力展
现出来的, 是对肌肤、肉
体的描绘。二维平面上
的虚拟形象, 永远不会
真正完成, 对于艺术家
而言, 没有哪一个时刻
是可以将形象交付给观
者的完美时刻。当被塑
形之物是有生命、有血
色的肉身时, 情况就更
是如此——似乎唯有观
者身体的运动, 那些真正
的肉身的运动, 才能唤起
画出来的肉身的生命, 试
比较 Georges Didi-Huber-
man, Confronting Images:
Questioning The Ends of a
Certain History of Art, 308;
La Peinture incarnée: Suivi
de le chef-d'oeuvre inconnu,
Paris: Minuit, 1985, 20–62。

降, 与绘画形成"斗艺"关系的缂丝便属于这类艺术。纺织史家经常引用的庄绰对定州缂丝的描写, 已经指出这类织物是如何制造奇迹的:"定州织刻(缂)丝, 不用大机, 以熟色丝经于木棦上, 随所欲做花草禽兽状, 以小梭织纬时, 先留其处, 方以杂色线缀于经纬之上, 合以成文, 若不相连。承空视之, 如雕镂之象, 故名'刻(缂)丝'。"[108] 也就是说, 与经过了塑形的佛教凹凸画、凹凸花或山水轴一样, 近看缂丝, 形象混乱不清; 拉开一段距离,"承空视之", 其凹凸效果就显露了出来。

(三)远近的诗意

远观和近视这两个观画条件的并存, 使得观者对绘画进行两种截然不同的沉思成为可能。或许可以借用中国传统画论中的"远望之以取其势, 近看之以取其质"[109] 一句来总结这一现象: 远观, 观者的眼中便出现了事物的大"势"; 近视, 便捕获了事物客观的细"质"。身体行走的诗意, 令壁画的生命变得完整。[110]

无论是叶生法、叠染法、点生法, 还是上明暗、明暗"强调", 为了让这些技法真正产生效果, 脚步的移动是必须的, 观者不可静止不动, 观看必须是一个过程。与此同时, 运动也让看画时的"二重性"(twofoldness)魔力变得一览无余: 在短时间内, 观

者既可辨识出图画的所指，又可窥探其物质的表面。[111]远与近
在观者和作品之间制造了一些相斥相依的瞬间：走近，"细节便
骚动起来"[112]；走远，"身体就成了混色的工具"[113]，形象就得
以浮现。

　　远和近造成了认识上的两个不同数量级（orders of magnitude）。
远观所见与近看所得，都是现实和存在，但它们属于不同的现实
级、不同的存在方式。近看所得是一种存在，它代表着可视性
的最小数量级；远观所见则是另一种存在，代表着可视性更大
的数量级。全面感受绘画，就要去感受它不同的数量级。"没
有什么事情能比分析一个可以从两个不同数量级来了解的现象
更难的了"[114]——正是因为这一几乎无法超越的困难，让绘
画成为人类为自己制造的惊奇。也正是在此意义上，亚洲的凹
凸画在近看时的粉饰和造作，很多情况下可能是画者有意为
之，它们像同样不堪近观的马赛克画或提香、伦勃朗的晚期绘
画一样，凭借着远观和近视造成的巨大反差，成为真正不可思
议的奇观。

　　进而，有塑形的绘画充分调动了观看的两个条件，使我们强
烈意识到自身感知官能的复杂，对此类绘画的观看成为一种感知
的练习。每一次观看都带有预期，"在媒介为我们提供模式和比
喻之前，我们对自己的感觉一无所知"[115]。这绘画技艺令观者强

[111] 这里指沃尔海姆意义
上的"二重性"，参见Rich
ard Wollheim, *Painting as an
Art*, Princeton: Princeton Uni
versity Press, 46-47；"In De
fense of Seeing-In", in Heik
Hecht, Robert Schwartz, and
Margaret Atherton (eds.),
*Looking into Pictures: An
Interdisciplinary Approach to
Pictorial Space*, Cambridge
MA: MIT Press, 2003, 3-15。

[112] 这是波德莱尔的说
法，转引自Gaston Bachelard,
*The Formation of the Scientific
Mind*, trans. Mary McAlleste
Jones, Manchester: Clinamen
Press, 2002, 212。

[113] Alva Noë, *Learning to
Look: Dispatches from the Art
World*, Oxford: Oxford Univer
sity Press, 2022, 10.原文讨论
的是音乐的混声："你的身体
成了你混声的工具。"

[114] Gaston Bachelard, *Essai
sur la connaissance approchée*,
Paris: Vrin, 1927, 9.

[115] Friedrich Kittler, *Op
tical Media: Berlin Lectures*
1999, 34.

烈地感受到了视觉的身体性，与此同时，它也是我们的"敌人"：智
慧的获得恰恰在于如何全面揭示它并对其进行超越，或者换成法相
唯识学家的说法，如何"转识成智"[116]。

［116］技术媒介可以
成为我们的敌人的说
法来自基德勒，参见
Friedrich Kittler, *Optical
Media: Berlin Lectures*
1999,36。

三、凹凸与荫翳

（一）处暗逾明

到目前为止，我们在讨论观看塑形绘画的两个必要条件时——无论是讨论展示了绘画细节的高清照片，还是讨论绘画的远观效果，事实上都将静态的现代电灯照明视为理所当然。然而，格里菲斯提醒我们，阿旃陀壁画"需要在弱光环境里观看"；《慈恩传》记叙的佛影像，"比火至，歘然佛影还隐。急令绝火，更请方乃重现"。

"这个世纪属于光。"[117] 现代美术史不允许荫翳的存在，学者已习惯于凭借强照明或长时间曝光拍摄出的高清照片来认识阿旃陀石窟壁画、中世纪马赛克镶嵌画以及提香和伦勃朗的绘画，即便身处绘画的现场，我们依然会被这一照片思维所左右。[118] 我们与库马拉斯瓦米、萨默斯等现代学者一样，倾向于忽视观看绘画的第三个条件，即绘画所在的真实光照环境。

图像需要依附于具体的形制，形制是"由形制自身和它所面对的空间构成的"[119]。具体到类似阿旃陀这样的南亚石窟，所谓形制自身就是壁画和彩绘浮雕所依附的壁面，而它所面对的是一个昏暗的空间。前文所分析的前后移动的观者，就是在这样的暗空间里挪步。当然，随着四季更迭、朝暮交替，洞窟内部的光照也会发生变化，但无论如何，微茫乃至黑暗，始终是阿旃陀窟内光照的主题。格里菲斯曾这样描述阿旃陀石窟第1窟和第2窟的照明条件：

[117] László Moholy-Nagy, "Unprecedented Photography" in Christopher Phillip (ed.), *Photography in the Modern Era: European Documents and Critical Writings, 1913-1940*, New York: Metropolitan Museum of Art/Aperture, 1989,85.

[118] 就阿旃陀石窟壁画而言，印度艺术史家、摄影师贝诺·贝尔（Benoy K. Behl）近些年拍摄的阿旃陀石窟壁画高清照片在大众和学界所引起的轰动，就是明证。

[119] Summers, *Real Spaces*, 355.

就像大多数印度的室内情形，这些洞窟一般是被来自前方
地面和对面山丘的反光照亮的。第1窟和第2窟的每一部分都被
反射光照亮，傍晚时分，落日的光线直接通过窗子和门道照耀
进来，从地面反射到壁画上，这也是壁画最清晰可见的时刻。[120]
不过，光在洞窟最深处的巨大佛像上最为明亮，这就使得佛像
在暗背景之中凸显出来，造成了十分震撼的效果。[120]

据格里菲斯观察，第2窟的窟顶始终处于黑暗之中，因此那里的
壁画原来一定借助了人造光才得以绘制。"秉烛进入这圣所，这设计
会给人造成一个极其丰富的印象，拱肩里的飞天凸显出来，效果惊
人。这些人物好似正拿着鲜花，礼献给下方巨大的佛像。"[121]

一个多世纪之后，历经多次修复的阿旃陀石窟，其照明环境依
然没有太大改变，正如一位印度学者在21世纪初所观察到的：

窟内的自然光很少，而且从早到晚都会发生变化，这取决
于太阳的位置。（因为）这些洞窟在一起构成了一个半圆形，（所
以）日出的时候，第26窟那一端会被点亮；日落的时候，靠近
售票处的第1窟和第2窟等洞窟会被照亮。这就意味着，对于每
个洞窟来说，（一天之中）仅有几个小时的时间有光照射到绘画，
绝大部分时间里壁画几乎陷入黑暗之中。彩绘的第16窟和第17

120] Griffiths, *Paint-
ings in the Buddhist
Cave-temples of Ajanta*,
vol.1,4.

121] John Griffiths,
*Paintings in the Buddhist
Cave-temples of Ajanta*,
vol.2,43.

窟的窟顶，在下午的时候才会有光照到。[122]

换言之，一年四季绝大部分时间，从石窟前廊进入主室，就是从光明世界逐渐步入黑暗世界之中，辅助照明因此成为必需。二十多年前，印度文化和旅游部执行了一系列阿旃陀石窟的保护措施，其中包括在每个石窟内安置对壁画损伤较小的光纤灯，这既让观众能够看到壁画，又在最大程度上保护了壁画。[123]文物保护者使用温和的、不直射壁画的脚光，虽然可以部分复原5世纪原初的观看方式（黑暗中的秉烛观看）所具有的效果，但与此同时，静止的电光也扭曲了这一效果。

5世纪的黑暗是刻意经营的 "人为黑暗"。观看壁画时所使用的火焰光源（如油灯、蜡烛、火炬）的闪烁，是壁画生命的有机组成部分。在如此广阔的洞窟空间中，摇曳的微光会将暗映照得更暗，同时也让壁画人物、动物及建筑的白色托底和提白（高光）接受并反射这晃动的光，而那些在昏暗环境中最不易发光的颜色，如较暗的肌肤部分以及苔绿、印度红和深紫背景，则会陷入完全的黑暗之中（图21）。这样的光照条件让观者聚焦于壁画，直指绘画本身，而不是他周围的空间与建筑。这可以解释八十多年前克拉姆里什何以会对阿旃陀石窟产生这样一个印象：

这些绘画不是从建筑的角度来构想的，它们蕴含着属于自

[122] R. K. Singh, "Capturing Ajanta Digitally", *Vihangama* http://ignca.gov.in/PDF data/Capturing_Ajanta Digitally.pdf.

[123] 这些照明器具在窟内采取了特定的安放方式，在墙壁上和窟顶上造就了一些聚光圈。在现阶段，这些灯不会覆盖整个墙面。在有这些灯的地方，灯并不会无差别地将光照在墙面上。（R. K. Singh, "Capturing Ajanta Digitally", *Vihangama*）

图21　阿旃陀石窟第1窟，主室内景，约7世纪

己的统一性，在墙壁上、窟顶上和立柱上，除了它们就没有其
他任何事情。它们唯一认可的外在之事，是洞窟的空旷——由
壁画人物构成的那一在场，在四面八方维持着这个空旷。进入
洞窟、观看着它们的信徒的思想，也是一样。[124]

在微茫中，壁画的色彩被大幅度减弱了，几乎减少到只剩下黑
白两色，或者说，几乎仅剩下明与暗的对比。[125]与利用现代照明设
备拍摄出的色彩斑斓的图像不同，处于荫翳中、只是被微光照亮的
壁画，看起来近乎是灰色调的单色画（图22）。凹凸人物与它们的深
色背景原本就形成一种"强调"的明暗对比，这一对比因微弱的烛光
而变得更加显著。在色彩被大幅度降低的环境之中，绘画的浮雕潜
质得以进一步彰显；同时，紧邻这些绘画的浮雕自身的特质，也通
过绘画这一媒介而得到进一步的阐发。在很大程度上，这些壁画成
了瓦萨里所激赏的"明暗画"，完美地诉说着那个最基本但又最精微
的审美之谜："最大可能的塑形总与最美的色彩不相匹配。"[126]

不过，在壁画色谱被大幅度降低的同时，被黑暗包裹着的、垂
直向着高处燃烧的火焰光又激活了壁画。严格来讲，跳动的火苗并非
照亮了画面，而是点燃了它们，引出了形象，赐予画面以生命，使这
些凹凸图像成为活动影像。在黑暗或微茫之中，形象宛如有生命的活
物，"在这里，所有事物都在运动着，没有什么是死寂的"[127]。在光

[124] Kramrisch, "Ajanta", 292.

[125] 20世纪初期的文物保护者曾在壁画上覆盖了罩光漆，虽然后来得到清理，但其残留在多大程度上增强了这一效果，值得探讨。

[126] Summers, "Emphasis: On Light, Dark, and Distance", 181.

[127] 这一表达借自德国作家保罗·希尔巴特（Paul Scheerbart），参见 Sophie Goetzmann, "'Here, everything moves; nothing is dead here': Perpetuum Mobile and Time Control in the Work of Paul Scheerbart and Bruno Taut", *Vision in Motion: Streams of Sensation and Configurations of Time*, 382.

图22　阿旃陀石窟第1窟主室正壁壁画（局部），约7世纪

与暗交织出来的环境里，形象摆脱了轮廓线的束缚，向观者扑面而
来，仿若脱壁，咄咄逼人。

　　克拉姆里什敏锐地感受到这一效果并形诸文字：印度绘画中的
阿旃陀类型（图3）"不从进深角度进行构思；它向前突出……它不
离人而去，相反，它迎面而来"[128]。阿旃陀石窟壁画中的苔绿色、
印度红或深紫色的地面是倾斜的，有凹凸塑形的人物在这个地面上
或立或动。正是这个地面，"让人物纯熟的体积感显现出来，这地
面还遮蔽了位于人物背后那个区域里的所有事物，而这些人物正是
出自这一区域"；"从（这个彩绘地面）背后那难以捉摸的进深之
中，壁画的内容得以安置，而且变得触手可得"[129]。深色背景仿若
一张魔毯，轻轻地承托着人物。[130]壁画之中"反透视"的立方体
和其他几何形状、向外突出的椽头以及倾斜的地面，与画中人物肌
肤的塑形手段一起营造了一个图画空间，"人物似乎就在这个空间
里移动着，他们就是从这个空间里被释放出来"[131]。那些"石板和
椽子一般的大石块，向前冲过来，每一个都带着电影里的火车的能
量，随着发动机逐渐增强马力，变得越来越大，向着观者奔来"[132]。
"（它们）并没有造成表平面上出现了具体样貌或具体现实所拥有的
三维性的那一错觉。（相反），它们从一个现实中突然现出，这现实
充满了表现的各种可能性——其中的一些看起来好像从它的内部向
外奔赴。"[133]

[128] Kramrisch
"Ajanta", 273.

[129] Kramrisch
"Ajanta", 287.

[130] Kramrisch
"Ajanta", 286.

[131] Stella Kramrisch
"Wall and Image in
Indian Art", *Exploring
India's Sacred Art: Se-
lected Writings of Stella
Kramrisch*, 260.

[132] Kramrisch
"Ajanta", 276.

[133] Kramrisch
"Ajanta", 277.

尽管克拉姆里什从未言及阿旃陀石窟的暗以及她观看壁画时所使用的灯具,但这些段落暗示她在努力用文字表达着自己在昏暗甚至黑暗中秉烛观看壁画时那些不可思议的感受。她以当时的电影特效来进行类比,但20世纪50年代开始逐渐成熟的3D电影特效,或许更加接近阿旃陀的壁画现象。她也一定会认同认知哲学家阿尔瓦·诺埃(Alva Noë)的说法:

> 人们有时会说,3D带给你一种更强烈的在场感,一种更强烈的沉浸在场景之中的感觉——但这显然是不对的。想想看,在日常生活中,我们一般不会像体验3D电影那样体验世界……3D是令人激动和诧异的,甚至会稍许令人不安……3D电影传递的是立体错觉——它们会利用你关注的焦点所在,创造出弹出和漂浮的奇异感觉。它们并不会影响你所见到的空间关系;它们改变的,是你在体验这些关系时会是什么样子。它们让你感觉这些关系是奇异的,它们带给你惊诧。因此,3D并不是走向虚拟现实。[134]

在《阿旃陀》一文及之后的相关文章中,克拉姆里什频繁使用的词汇,除了"前出"(forthcoming)、"前进方向"(forward direction)、"运动"(movement),就是"舞台"(stage)了。走入昏

134] Alva Noë, *Learning to Look: Dispatches from the Art World*, 82.

暗的洞窟，就意味着走进一个剧场，壁画和秉烛的我们一起构成了世界的舞台。在其中，"白毫吐曜，昏夜中爽"，"在阴不昧，处暗逾明"[135]。

　　如果阿旃陀"短纪年"说是正确的，那么在5世纪后半叶短短的二十年里，在阿旃陀所建造的就不只是一些佛教洞窟，它们还是一系列生动的光与暗的剧场。[136]类似的剧场不仅吸引了我们，当它们以各种媒介向南亚以外的地区传播时，也一定吸引了当时的制作者及观者。以阿旃陀类型壁画为楷模的中亚及汉地佛教洞窟，或许就包含了类似的黑暗中的绘画艺术剧场。9—11世纪的中国画论中"逼之摽摽然""身若出壁""势若脱""逼人脱壁"等说辞，虽然绝大部分是称颂线条造成的生动效果时所使用的老生常谈，但或许其中一些真的就是对荫翳中"非中华之威仪"的凹凸画被烛光点亮时的真切"艺格敷词"。[137]只是出于各种原因，如今已经很难在现场体会到这一效果：或是洞窟规模过小（如莫高窟北凉时期石窟），或是洞窟壁画的严重变色（如莫高窟第254窟），或是绘制技法的粗糙（如莫高窟第428窟）。古老的汉式白地壁画在敦煌等地的回归，更是令"荫翳艺术"的发生原理出现了根本转型。[138]在中古中国，荫翳与绘画的关系发生了变化，塑形走上与南亚凹凸法完全不同的道路。[139]

[135] 这是慧远《佛影铭》对佛影窟的描述，参见《高僧传》，《大正新修大藏经》第50册，第357页。

[136] Walter Spink, *Ajanta History and Development* Vol.4, *Painting, Sculpture Architecture, Year by Year*, Leiden: Brill, 2009.

[137] 参见段成式：《酉阳杂俎续集卷第五·寺塔记上》，段成式撰、许逸民校笺：《酉阳杂俎校笺》，北京：中华书局，2015年，第1873—1874、1893、1796页。郭若虚在《图画见闻志》中重复了皇甫轸画"若脱壁"一说。（郭若虚：《图画见闻志》卷五，《画学集成（六朝—元）》，石家庄：河北美术出版社，2002年，第365页。）

[138] 关于莫高窟白地壁画的回归，参见王玉冬：《青绿大地的诞生——敦煌壁画色彩演变探赜》，《文艺研究》，2021年第6期。

[139] 这里指山水画受到凹凸法的刺激而使用的新技法，以及浮塑艺术的出现两个现象。

140]"光的经纬"(economy of light) 之
说法, 出自Daniela Mondini and Vladimir
Ivanovici (eds.), *Manipulating Light in
Premodern Times: Architectural, Artistic,
and Philosophical Aspects*, Mendrisio:
Mendrisio Academy Press, 2014,12。

141] Daniela Mondini and Vladimir
Ivanovici (eds.), *Manipulating Light in
Premodern Times: Architectural, Artistic,
and Philosophical Aspects*, 12.

142] Cyril Mango, *The Art of the Byz-
antine Empire 312-1453: Sources and
Documents*, Toronto: University of Toronto
Press, 1986,74.

143] Nadine Schibille, "Light as an
Aesthetic Constituent in the Architecture of
Hagia Sophia in Constantinople", in Dan-
iela Mondini and Vladimir Ivanovici (eds.),
*Manipulating Light in Premodern Times:
Architectural, Artistic, and Philosophical
Aspects*, 34.

144] 关于圣索菲亚大教堂的 VGA
(Visibility Graph Analysis) 推测性复原,
参见Iuliana Gavril, "Building with Light:
Spatial Qualities of the Interior of Hagia
Sophia in Constantinople", in Daniela
Mondini and Vladimir Ivanovici (eds.),
*Manipulating Light in Premodern Times:
Architectural, Artistic, and Philosophical
Aspects*, 53。

（二）制造朦胧

如今，现代光控设备唾手可得，甚至任凭滥用。要真正重温类似阿旃陀壁画的荫翳中的艺术，就要同时进行光的考古和黑暗的考古。出于各种原因，到目前为止，我们只在西方艺术史中发现了相对完整的"光的经纬"[140]史和"黑暗的经纬"史。

西方艺术史界对光与暗的现象学研究，长期聚焦于哥特式建筑。不过，这一局面在过去十几年间发生了变化。如今，光与暗在拜占庭艺术中所扮演的角色成为学者的关注点。"查士丁尼的圣索菲亚大教堂取代叙热的圣德尼圣殿（ Suger's Saint Denis ）"[141]，成为讨论环境光与视觉艺术关系的最重要个案。

6世纪的普罗科匹厄斯（ Procopius ）在描述圣索菲亚大教堂的"艺格敷词"里，曾言及教堂内部的光，"（这内部的）空间不是由外边的太阳照亮的——光芒从内部产生，丰富的光在四面八方沐浴着这个圣所"[142]。科技考古专家制作的电脑模拟形象也证实，当时的圣索菲亚大教堂内部充斥着均匀的漫射光。[143]不过，在真实的感知中，中殿同两侧的廊道截然分离，似乎"一切的光都在服务着中殿及半圆室"[144]。这神秘的光的诗

意，当然要归功于教堂正门的朝向以及多扇半透明的
玻璃窗。但装饰在壁面和拱顶上的玻璃马赛克，以及
地面和壁脚上的大理石，可能扮演了同样重要的角色。
马赛克尤其如此，每一片镶嵌玻璃都会捕捉、反射着
光，"它们中的每一个都是一面小镜子，但聚集在一
起的时候，它们便创造出一种明亮、炫目、运动的感
觉"[145]。这种效果在夜晚会达到极致，那时"教堂由
各种人造的光照亮，包括蜡烛、油灯和枝状大烛，尽
管我们几乎无从知晓使用了哪些用具，多少用具……
所有这些人造光大概都会制造出一种摇曳、运动的
光，这便具有了与那些众多的马赛克'小镜子'进行
互动的潜力"[146]。或者用6世纪示默者保罗（Paulus
Silentiarius）的诗意语言来说：这些光似乎为"夜晚的
太阳"创造了机会，多样的照明器具给人造成了一个
群星闪烁的无云的天空的印象，这人造光由此就把夜
的黑变成了一位微笑的朋友。[147]

圣索菲亚大教堂所代表的这时期的拜占庭审美，意
在通过各种光来征服黑暗。但对于大多数艺术史家而
言，西方艺术史上光与暗的经典戏剧，仍是在中世纪带
有花窗玻璃的哥特教堂（图23）之中上演的。[148]在13

[145] James, *Mosaics in the Medieval World*, 91.

[146] James, *Mosaics in the Medieval World*, 93.

[147] Iuliana Gavril, "Building with Light: Spatial Qualities of the Interior of Hagia Sophia in Constantinople", in Daniela Mondini and Vladimir Ivanovici (eds.), *Manipulating Light in Premodern Times*, 47.

[148] 这经典的戏剧曾经是有着截然相反的艺术史追求的学者们的共享话题。例如，一向理性、严谨的潘诺夫斯基就曾在不经意间把叙热对圣德尼圣殿的描述，说成"新柏拉图主义之光的形而上狂欢"[Erwin Panofsky and Gerda Panofsky-Soergel (eds.), *Abbot Suger on the Abbey Church of St. Denis and its Art Treasures* Princeton: Princeton University Press, 1979 p.21; John Gage, "Gothic Glass: Two Aspects of a Dionysian Aesthetic", *Art History*, Vol.5, No.1(1982):38]。通过《艺术的故事》中的相关描写，E. H.贡布里希更是让哥特教堂超凡的明暗景象深入人心："这些主教堂的墙壁绝不冰冷可畏，而是由彩色玻璃构成，像红宝石和绿宝石一样闪耀着光辉。立柱、拱肋和花饰窗格上也金光闪烁。重拙、俗气和单调的东西一扫而光。沉浸于这些奇迹的信徒，可能觉得已进一步领悟到超乎物质之上的另一王国的奥秘。"（[英] E. H.贡布里希：《艺术的故事》，范景中、杨成凯译，南宁：广西美术出版社，2008年，第189页）

图23　沙特尔主教堂内景（彩色玻璃窗约作于12—13世纪）

世纪花窗美学发生变化之前，当光透过花窗玻璃进入哥特教堂时：

> 即便在春季一个明亮的清晨，我们进入沙特尔主教堂的时候，我们就进入了一个柔和的微光世界。即使我们的眼睛适应了这荫翳（这大概会需要几分钟的时间），我们仍旧得谨慎地移步，因为这室内与其说被照亮了，不如说弥漫着一种微微的辉光，这辉光与玻璃花窗并没有太密切的关系——很难确定花窗的位置，它们处在一些模糊的空间里，像一幅幅悬挂着的明亮色彩构成的屏幕……没错，沙特尔的玻璃好像不是在扮演着日光的导体，而更像是一种过滤掉日光的密实的网——主教堂内的光照度或许比外面的要低上几百度。[149]

换言之，与其说花窗是为了让光倾泻进教堂，不如说是在制造"朦胧"（diaphanum）。[150]

犹如始自文艺复兴的明暗法构图后来成为西方视觉艺术持续使用的资源，"荫翳法""人为黑暗""人为微明"的生命在中世纪之后的艺术和建筑中也得到延续，并绵延至今。例如，18世纪末在欧洲出现了第一批雕塑博物馆，随之兴起了一种观看雕像的特殊方式，即在夜间秉烛参观。歌德、赫尔德、司汤达、温克尔曼等都实践过

[149] John Gage, "Gothic Glass: Two Aspects of a Dionysian Aesthetic", *Art History*, Vol.5 No.1(1982):36. 关于12—13世纪哥特教堂的室内状态，参见Ellen M. Shortell, "Stained Glass and the Gothic Interior in the 12th and 13th Centuries", in Brigitte Kurmann-Schwarz and Elizabeth Pastan (eds.), *Investigations in Medieval Stained Glass: Materials, Methods, and Expressions*, Leiden: Brill, 2019,119—131；关于花窗美学的变化，参见Meredith Parsons Lillich, "The Band Window: A Theory of Origin and Development", *Gesta*, Vol.9 No.1(1970):26—33。

[150] Wojciech Bałus, "A Matter of Matter: Transparent-Translucent-Diaphanum in the Medium of Stained Glass", in Brigitte Kurmann-Schwarz and Elizabeth Pastan (eds.), *Investigations in Medieval Stained Glass: Materials, Methods, and Expressions*, 109—118.

151] Claudia Mattos,
"The Torchlight Visit:
Guiding the Eye Through
Late Eighteenth-and
Early Nineteenth-cen-
tury Antique Sculpture
Galleries", *RES: Anthro-
pology and Aesthetics*,
Vol.49/50(2006): 140.

152] Mattos, "The
Torchlight Visit", 140.

153] Noam M. Elcott,
*Artificial Darkness: An
Obscure History of Mod-
ern Art and Media*, Chica-
go: University of Chicago
Press, 2016,47–59.

154] Roland Barthes,
"Leaving the Movie
Theater", *The Rustle of
Language*, trans. Richard
Howard, Berkeley and Los
Angeles: University of Cal-
ifornia Press, 1989,346.

这种烛光参访的形式。同这一时期的活人画（tableau vivant）表演一样，其目的就是让雕刻变得栩栩如生。[151]跳动的火焰光、微茫、黑暗显然在其中起到了重要作用。赫尔德就热切地拥抱了这一观看白色大理石雕像的独特方式："当借着明亮的火苗，无生命的石头汲取着生命之炬时，它们在如此剧烈地颤动。"[152]

当瓦格纳的拜罗伊特剧院（Bayreuth Festspielhaus）充分利用黑暗中的烛光时，后世电影院的"微明"思想就已经孕育其中。[153]西方艺术对光媒介和暗媒介的全部探索，似乎都在为电影院的黑暗观看环境做着准备。从某种程度上，黑暗在电影院里的意义，能够帮助我们理解以荫翳为主要元素的所有艺术：

> 在电影院里，黑暗的意义是什么？（当我说电影院的时候，我不禁想到的是"剧院"而不是电影）黑暗不仅是遐想的本质（前催眠意义上的"遐想"），它还是弥漫着的色情的颜色……正是在这一城市黑暗之中，身体的自由得到了真正的释放。在另一方面，请考虑一下那个相反的体验，就是对电视的体验，它也播放电影：（但）没有任何事情发生，毫无魔力；黑暗消散了，隐姓埋名被抑制住了，空间是熟悉的，（由于家具和熟悉的物体而变得）井井有条的，驯服的……空间色情的可能性被取消了。[154]

我们在本文开篇说过,从古典时期至今的西方艺术史几乎就是一部如何利用各种光媒介的艺术史。但是,在这部光的艺术史中,暗顽强地存活了下来。能够造就其如此强大的生命力的重要原因,是昏暗的环境(无论是教堂的神圣的昏暗,还是电影院里的那种黑暗)不仅让观看者短暂忘却了外面的世界,还让他们短暂忘却了顽固的自我和我执。[155]

(三)荫翳的艺术

"在理解任何固体的形状时,暗和明是最为确定的因素",人类的眼睛是通过明暗而不是轮廓去感受形式。[156]文艺复兴时期的这一思考,以及上文中"最大可能的塑形总与最美的色彩不相匹配"等说法,揭示出人类观看行为的一个特质:明暗对比深深根植于我们的感知官能中,"理解色值(或者说光亮度)极其重要,因为我们对进深、三维、运动与静止以及空间组织的感知,都是被自身视觉系统所驱动的——它只对光亮度的差异作出反应,而对色彩毫无感觉"。[157]从人类进化的角度而言,它发生在色彩感知能力出现之前,人类与其他灵长类动物共享此特质[158]。

不过,文艺复兴以来的这类论说,还都只是聚焦在画面内部的明暗,并未太多涉及画外。其实,它们也同样适用于艺术

[155] Paul Binski, "Aesthetic Attitudes in Gothic Art: Thought on Girona Cathedral", *Codex Aqvilarensis*, Vol.35(2019): 198 对于保罗·宾斯基来说,昏暗也可以令人变得崇高。试比较今日进入黑暗的东正教堂的体验,参见Antonio Foscari, "Time and Light", in Rosella Mamol Zorzi and Katherine Manthorne (eds.), *From Darkness to Light. Writers in Museums* 1798-1898. Cambridge, UK: Open Book Publishers, 2019,323-332。

[156] 当然,这是达·芬奇的说法,参见Janis Bell, "Leonardo's Prospecttiva delle ombre Another Branch of Non-Linear Perspective", in Francesca Fioran and Alessandro Nova (eds.), *Leonardo Da Vinci and Optics. Theory and Pictorial Practice.* Venice: Marsilio, 2013,85。

[157] Summers, "Emphasis: On Light, Dark, and Distance", 166; Margaret Livingstone, *Vision and Art: The Biology of Seeing*, New York: Abrams, 2014,31.

[158] Summers, "Emphasis: On Light, Dark, and Distance", 166.

品的外部环境光。我们对于阿旃陀石窟、哥特教堂、电影院的光照
环境的探讨说明，黑暗可以遮蔽视觉，造成不可视性，与此同时，
黑暗及相关的微茫也让可视形象变得更加可视。在这一点上，人类
学家显然比艺术史家更为清醒：

> 那么，是在阴影之中还是在阴影之外事物才更容易被看
> 到呢？在现代性机制之下，一个不可避免的假设必定是——
> 阴影遮蔽而不是彰显。我们坚信，要看见事物的真相，它
> 们必须从阴影中被移出。这也是为什么我们会在全覆盖的、
> 静止的照明方面投入了这么多——这照明是电灯，以及绝
> 对透明的玻璃和白墙一同造就的。然而，中世纪教堂的建
> 造者们却有着他们自己的考虑。他们是阴影的大师，是表
> 面凹凸和黑暗角落的大师，他们把事物隐藏在壁龛和拱顶
> 之中——只是在窗子或灯笼造成的光的闪烁之下，这些事
> 物才仿若出现；一旦光消逝了，它们就又退回到木作或石
> 作之中。[159]

159] Tim Ingold,
"Afterword: On Light",
in Costas Papadopoulos
and Holley Moyes (eds.),
*The Oxford Handbook
of Light in Archaeology*,
Oxford: Oxford Univer-
sity Press, 2021, 741.

在有微光的荫翳里，远与近造成的观看的二重性和肉身性，既
可以被加强，也可以被瓦解。如果说艺术在本质上是一种相遇状态，
那么是荫翳极大地强化了艺术品主动向我们径直而来的那一刻。

在艺术史上，能见证到艺术对于"荫翳的各种礼赞"[160]。有塑形的绘画借助叶生法、叠染法、点生法，或"强调"明暗法而生，伴随观者的移步而生，但在很多时候，荫翳才是它们真正的催生剂。"在过去，由于多彩的玻璃窗，人们的心要更明亮，而教堂则更黑暗。"[161] 人们会认为，"太多的光定会分散人们的沉思，而在昏暗的、朦胧的光中，他们则会聚集在一起，会更加热切地关注宗教与虔诚"[162]。昏暗甚或黑暗，使建筑成为与理性的"冷建筑"相对立的"热建筑"，带着摇曳微光的昏暗空间，是"事件发生的空间"，是"塑形"这一图画事件全面发生的理想之地。[163]

[160] 关于传统日本艺术与建筑对于荫翳的运用，参见谷崎润一郎：《荫翳礼赞》，陈德文译，上海：上海译文出版社，2016年。

[161] Cited in John Gage, "Gothic Glass: Two Aspects of a Dionysian Aesthetic", *Art History*, Vol.5, No.1(1982):37.这位德国人是在评论下面提及的托马斯·摩尔《乌托邦》中关于光和暗的段落。

[162] 这是托马斯·摩尔的说法，转引自 John Gage, "Gothic Glass: Two Aspects of a Dionysian Aesthetic", *Art History*, Vol.5, No.1(1982):36.

[163] "冷建筑"与"热建筑"之别，出自文艺复兴艺术史家詹姆斯·阿克曼（James Ackerman），参见 David Karmon, *Architecture and the Senses in the Italian Renaissance: The Varieties of Architectural Experience*, Cambridge: Cambridge University Press, 2021, xxvii–xxviii；"事件发生的空间"（event-space），出自 Dorita Hannah, *Event-Space: Theatre Architecture and the Historical Avant-Garde*, London: Routledge, 2018.

余　论

利玛窦在《几何原本》引言中将"察目视势"视作绘画的本质，这类绘画被视为"其所致之知且深且固"的几何家之正属之一：

> 察目视势，以远近正邪高下之差，照物状可画立圆、立方之度数于平版之上，可远测物度及真形。画小，使目视大；画近，使目视远；画圆，使目视球，画像有坳凸，画室有明暗也。[164]

这段话是说，具备透视和塑形的画作，才是生动的，才属于真正意义上的画。[165]在利玛窦时代的中国，结合了透视法和塑形法的西方绘画，已经出现在各种壁面之上，并且凭借其新奇的制作法和视觉效果，给时人留下了深刻印象。顾起元对此颇多留意：

> 画以铜板为帧，而涂五采于上，其貌如生，身与臂手俨然隐起帧上，脸之凹处，正视与生人不殊。人问（利玛窦）画何以致此，答曰："中国画但画阳，不画阴，故看之人面躯正平，无凹凸相。吾国画兼阴与阳写之，故面有高下，而手臂皆轮圆耳。凡人之面，正迎阳，则皆明而白；若侧立，则向明一边者白，其不向明一边者眼耳鼻口凹处皆有暗相。吾国之写像者解此法用之，故能使画像与生人亡异也。"[166]

[164] 利玛窦:《译几何原本引》，朱维铮主编:《利玛窦中文著译集》，上海：复旦大学出版社，2001年，第299页。

[165] 利玛窦这样评价中国画："他们不会用油彩作画，也不会在画中使用明暗法，这样，他们所有的画都是平面的，毫不生动。"（利玛窦:《耶稣会与天主教进入中国史》，文铮译，梅欧金校，北京：商务印书馆，2014年，第17页）

[166] 顾起元:《客座赘语》，南京：南京出版社，2009年，第167页。

时人对于这类欧罗巴"凹凸之法",大多感到惊诧无解、新鲜
无比,但熟悉南京历史掌故的顾起元并不以为意,他援引《建康
实录》中关于一乘寺(凹凸寺)的记载,提醒他们:"古来西域自
有此画法,而僧繇已先得之,故知读书不可不博也。"[167]

在顾起元为张僧繇的"凹凸"艺术正名之时,同属其交游
圈的博学者马大壮也做了一件类似的事情。自北宋郭若虚以来,
正统画论一直将"野人腾壁,美女下墙,禁五彩于水中,起双
龙于雾外"之类的作品,视为出自"方术怪诞"且"画法阙如"
的"术画"。[168]马大壮反其道行之,广为搜罗类似张僧繇画龙点
睛、破壁飞去的灵异事件,并为其做出辩护,"画中灵异,余谓皆
精神所致"[169],而非魔术使然。现在,我们可以将他所谓的"精
神所致"进行现代解读:在很多情况下,东西方壁上艺术中的灵异
是塑形使然,身体移位使然,荫翳环境使然。

壁面与人类如影随形,一旦给予壁面塑形的机会,它就会
从一个潜在的技术趋势变成一个为人普遍接受的技术事实,前文
提及的3D电影可谓是最显著、最极端的一个塑形技术事实。诺
埃曾经引用一位3D工程师的话,将3D总结为"一种手法,一个
视觉魔法,倾向于把注意力从故事情节那里移开"[170]。诺埃据
此忠告我们,不可沉溺于这类制造惊诧的艺术,因为只有"孩
子喜爱奇异的弹出和漂浮感,(真正的)电影爱好者不应该这

[167] 顾起元:《客座赘
语》,南京:南京出版社,
2009年,第133页。

[168] 郭若虚:《图画见
闻志》卷六,王伯敏、任
道斌主编:《画学集成·六
朝一元》,石家庄:河北
美术出版社,2002年,第
386页;Alexander Soper,
*Kuo Jo-Hsü's Experiences
in Painting*, Washington,
D. C.: American Council of
Learned Society, 1951,103–
104。索柏将"术画"译为
magic painting。关于晚唐
张彦远、段成式至北宋郭
若虚等文人关于术画的不
同态度,参见Alexander
Soper, "A Vacation Glimpse
of the T'ang Temples of
Ch'ang-an: The Ssu-t'a
Chi by Tuan Ch'eng-shih",
Artibus Asiae, Vol.23,
No.1(1960): 17–18。

[169] 张小庄、陈期凡编:
《明代笔记日记绘画史料汇
编》,上海:上海书画出
版社,2019年,第314–
315页。

[170] Noë, *Learning to
Look*, 80.

样"[171]。但他显然忘记,是人类的塑形欲望造就了现代3D电影。人需要故事,同时也需要"前突"与"漂浮"的效果。在某种意义上,人是永远长不大的孩子。

本章原刊于《文艺研究》(2022年9期),此次发表有修订

171] Noë, *Learning to
Look*, 82.

IV

进深与表面：

宝顶山毗卢道场摩崖艺术索微

关键词：

图像志

寓意

表面

外观

手势

证词

引 言

回顾过去一个世纪间宗教图像的研究，我们大致可以归纳出两种治学状态：一种状态以图像志专家、风格学家、宗教史家、神学家、文化史家为代表，他们的研究与写作理性、博学而且冷静；另一种状态以个别的艺术史家和艺术实践者为代表，他们关注宗教图像的"物质光辉"，他们的写作充满了情感、直觉和焦虑。前类研究者的兴趣在于图像背后的事物，即图像所表现、所反映或者所服务的事物，在于为艺术之物正名。后一类人止步于图像及其所带来的惊奇。前者的关注在于进深，后者的焦点在于表面。前者意在解释图像，后者努力理解图像。[1]

本章将以南宋人赵智凤建造、经营的柳赵教派宗教网络设施之中的重要地点——毗卢道场的摩崖浮雕为中心，尝试运用上述两类不同的研究路径，并将两类不同的观察与结果并置，让它们形成互文，最终期望揭示出围绕着同一组形象而形成的不同观察方式与描述手段之间几乎无法调和的紧张关系。和其他种类宗教艺术研究所面临的局面一样，中古佛教艺术研究者似乎也必须在进深与表面之间做出抉择。

[1] 进深与表面之间的对立，不仅见于宗教图像研究，在其他许多领域（如美学），也存在着类似的问题，参见Richard Shusterman, *Depth and Surface: Dialectics of Criticism and Culture*, Cornell University, 2002. "物质光辉"指的是艺术品的物质性，这一说法出自迪迪－于贝尔曼，见Georges Didi-Huberman, *Confronting Images: Questioning the Ends of a Certain History of Art*, trans. John Goodman, the Pennsylvania State University Press, 244-260.

一、图像志蠡测

南宋时期柳赵教派的宗教设施分布于今天的大足、安岳各地，它们规模不一、题材组合迥异。不过毫无疑问，位于大足的宝顶山曾经是这一教派的中心，也是南宋时该教派领袖赵智凤在数十年间着力经营的一个地点。一如川渝地区其他中古佛教寺院，"前崖后寺"是宝顶山的基本结构，在通往这一核心区域的山路上，也曾安排了不少摩崖龛像。[2]"前崖后寺"中的"寺"，就是当时的圣寿寺（大致相当于如今的圣寿寺及"小佛湾"的范畴），而其中的"崖"，即今天人们所称的"大佛湾"。在大佛湾，绝大部分浮雕是真正意义上的摩崖造像，唯有采用了洞窟形式的毗卢道场与圆觉道场是例外。独特的洞窟形式以及别样的"道场"之名暗示，它们或许包含了些与众不同的题材。[3]其中，圆觉道场雕刻是依据《圆觉经》而作，似乎没有异议。柳赵宗教设施中的另外一个地点——安岳华严洞的石刻，就是对同一题材的另外一种演绎。在这一地区，这类雕刻的原型都可以追溯到安岳圆觉洞第15窟的北宋造像。与判定大佛湾圆觉道场石刻题材时的笃定与统一相比，学者在过去数十年间推测毗卢道场（大佛湾第14窟）窟内题材时，几乎各执一词（图1）。[4]

有学者将宝顶山视为密宗道场，认为其中的造像构成了一部密教曼荼罗。具体到大佛湾毗卢道场造像的密教特征，最有代表性的说法是：此窟室中"多有大日如来"，其正壁前的"法台"对应着密宗寺院里的转轮经藏，"这里本应造'五方佛'像，因系浮雕，无

[2] 邓启兵、黎方银、黄能迁：《大足宝顶山石窟周边区域宋代造像考察研究》，中国古迹遗址保护协会石窟专业委员会、龙门石窟研究院编：《石窟寺研究·第六辑》，北京：科学出版社，2015年，第76—115页。

[3] 关于"道场"的语义史，见刘震：《何谓"道场"？》，《复旦学报·社会科学版》，2015年第6期。

[4] 与柳赵教派创造的其他造像一样，毗卢道场的形象很难与传统佛教经典及造像完全匹配。考证此洞窟题材时的挫败感，每每见于学者的行文之中，例见温玉成：《大足宝顶石窟真相解读》，大足石刻研究院编：《2009年中国重庆大足石刻国际学术研讨会论文集》，重庆：重庆出版社，2013年，第126页。

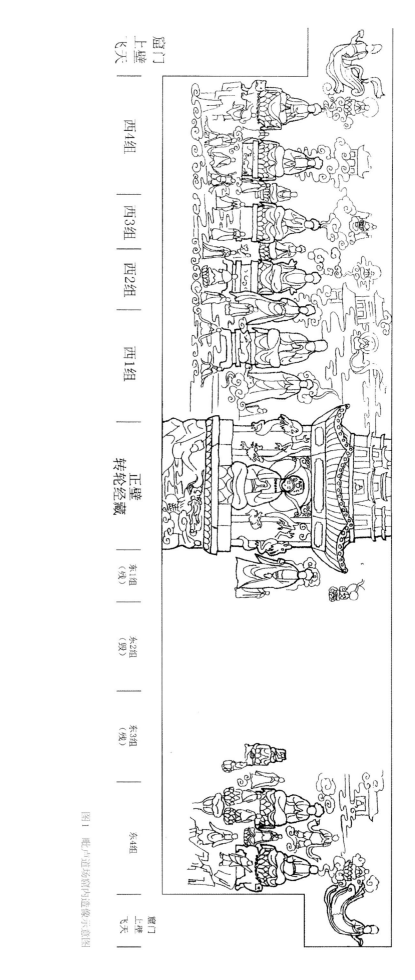

图1　毗卢道场窟内造像示意图

中央空间可利用，故将毗卢佛置于正面，两侧各造了一佛"[5]。
更有研究者将大佛湾及小佛湾在宝顶山密宗设施中的功用做出
了具体区分，将前者视为教相俗讲之处，将后者视为修密行者
习事相而设。其中大佛湾教相俗讲道场"似以北崖'毗卢道
场'为中心，左右两翼安排显密经变相及祈福禳灾仪坛。'毗卢
道场'窟内正壁设佛坐像三身，中毗卢佛戴冠，两手相握结印，
口角放射出两道光柱。左壁已残毁，右壁佛像四身，侧立普贤、
文殊等菩萨，佛座前有二菩萨下跪，旁立二金刚。其内容可能
出自《清净法身毗卢遮那心地法门成就一切陀罗尼三种悉地
经》……"[6]。还有学者曾经推理说，此洞既然名为毗卢，因此
就应该是密教道场，其造像题材所依据的经典应是《大毗卢遮
那成佛神变加持经》，"洞窟中所刻长跪于佛前的菩萨，应即是
执金刚秘密主"[7]。

　　不过，越来越多的论者（包括一些将宝顶山视为密宗道场
的论者）倾向于将此窟造像题材与华严图像志及华严义理联
系起来，以至于2009年发表的毗卢道场考古报告可以径直宣
称："窟内造像内容表现《华严经》'七处九会'，学界的认识
基本趋于一致……"[8]这一批研究之中最为翔实者，或将佛教
经文、其他中古遗存与此洞窟造像组合进行仔细比对，以期推
测毗卢道场的图像志，或站在佛教义理的高度审视这些造像的

[5]郭相颖：《再谈宝顶山摩
岩造像是密宗道场及研究断
想》，《佛学研究》，1996年
第5期。

[6]李巳生：《大足石窟佛教
造像》，重庆大足石刻艺术
博物馆、重庆大足石刻研究
会编：《大足石刻研究文集》
4，北京：中国文联出版社，
2002年，第38—39页。另见
同作者《宝顶山道场造像布
局的探讨》，大足石刻研究院
编：《2009年中国重庆大足石
刻国际学术研讨会论文集》，
重庆：重庆出版社，2013年，
第392—394页。

[7]陈清香：《大足石窟中的
华严思想提要》，重庆大足石
刻艺术博物馆编：《2005年重
庆大足石刻国际学术研讨会
论文集》，北京：文物出版
社，2007年，第290—291页。

[8]重庆大足石刻艺术博物
馆：《大足宝顶山大佛湾第
14号窟调查报告》，黎方银
主编、大足石刻研究院编：
《2009年中国重庆大足石刻国
际学术研讨会论文集》，重
庆：重庆出版社，2013年，
第137页。

9〕胡文和：《大足、
安岳宋代华严系统造像
源流和宗教意义新探
索——以大足宝顶毗卢
道场和圆觉洞图像为
例》，《敦煌研究》，
2009年第4期。

10〕李静杰：《大足宝
顶山南宋石刻造像组合
分析》，大足石刻研究
院编：《2014年大足学国
际学术研讨会论文集》，
重庆：重庆出版社，
2016年，第34页；关于
毗卢道场图像的具体分
析，见第14—15页。

11〕重庆大足石刻艺术
博物馆：《大足宝顶山转
法轮塔调查报告》，黎
方银主编、大足石刻研
究院编：《2009年中国
重庆大足石刻国际学术
研讨会论文集》，重庆：
重庆出版社，2013年，
第142—163页。

内容。前类研究考证绵密复杂，倾向于使用"象征""奥妙"等语汇，如有学者曾如此论说："宝顶第14窟正中一柱上，正面竖长方形龛中为结跏趺坐姿的毗卢佛，为本窟的中心主像。靠窟门口的右内壁（南壁西3组，北壁西1组），窟左壁（东）靠窟门口的左内壁（南壁东3组已毁，存北壁东1组）分别雕刻四组图像。每组都有主尊毗卢佛，胁侍为文殊、普贤菩萨。毗卢佛确有9尊，文殊、普贤却各只有5尊。奥妙在于七处九会是呈环形布置在该窟的轮藏柱和其余三壁上，每一组图像都是独立的，而其胁侍文殊、普贤菩萨又构成相邻图像中的胁侍，避免了重复。"[9]（图2）后一类研究从华严思想的高度出发，认为华严菩萨行思想是这些造像的指导原则，第14号毗卢道场造像和其他很多造像一样，是"《华严经》的象征性表现"[10]。

图像志研究的每一次突破，都有赖于在文献和图像材料中发现的新证据。过去十余年，大足石刻研究院的学者在宝顶山各地点进行了全面的考古调查，刊布了许多以往未见的图像资料，我们或可根据在这批材料中发现的内部证据，并结合过往研究，对大佛湾毗卢道场浮雕的图像志做出一个新的推测。

首先让我们罗列三组新出内部证据：

第一组证据，出自经过了详细勘察与测绘的宝顶山倒塔坡转法轮塔（俗称倒塔）（图3）。[11]与下面马上要讨论的两处遗迹一样，

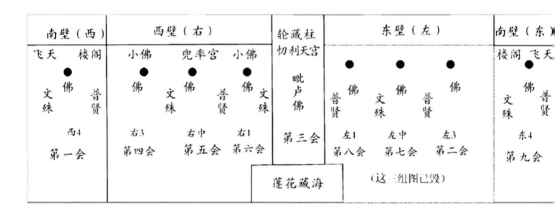

南壁（西）	西壁（右）			轮藏柱 忉利天宫	东壁（左）			南壁（东）
飞天　楼阁 ● 　　佛 文　　　普 殊　　　贤 西4 第一会	小佛 ● 佛 文 殊 右3 第四会	兜率宫 ● 佛 普 贤 右中 第五会	小佛 ● 佛　文 　　殊 右1 第六会	毗 卢 佛 第三会	● 佛 普 贤 左1 第八会	● 佛 文 殊 左中 第七会	● 佛 普 贤 左3 第二会	楼阁　飞天 ● 　　佛 文　　　普 殊　　　贤 东4 第九会

莲花藏海　　　　　　　（这一组图已毁）

图2　毗卢道场壁面图像分布图

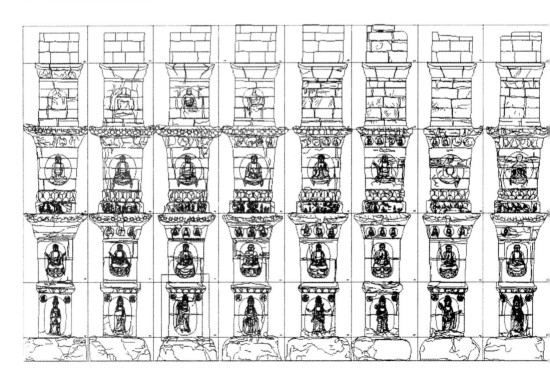

图3　倒塔展开图

[12] 汉译八大菩萨名号比较表，参见刘永增：《敦煌石窟八大菩萨曼荼罗图像解说（上）》，《敦煌研究》，2009年4期。

[13] 倒塔八身佛像（包括两身卷发人）的手印可大致辨识者包括以下几种：拱手、说法印、智吉祥印（地藏上方卷发人）、撑掌说法印、弥陀定印等。关于撑掌印的定名，参见赖天兵：《飞来峰元代华严三圣造像研究》，《圆光佛学学报》，2007年11期。

[14] 1994年发表的调查报告将其称为"祖师法身经目塔"，参见重庆大足石刻艺术博物馆：《大足宝顶山小佛湾祖师法身经目塔勘察报告》，《文物》，1994年2期；"大藏塔"一名出自方广锠：重庆大足宝顶山小佛湾大藏塔录文与研究》，大足石刻研究院、四川美术学院大足学研究中心编：《大足学刊·第二辑》，重庆：重庆出版社，2018年。

倒塔显然是宝顶山的关键建筑之一。八角形塔各级表面，浓缩了些柳赵教派经常使用的关键图像元素，如扶托佛塔基座的半身力士像、具有教派特色的榜题文字（第一级塔身下层）、浅圆龛中的千佛（第二级和第三级塔身以及一级上层檐枋），等等。塔上浮雕的主要内容包括：第一级塔身下层长椭圆形龛中的八大菩萨，上层长椭圆形龛中的八身佛像（其中两身为柳赵教派网络中常见的"卷发人"形象），以及第二级塔身平座上浅浮雕而成的"八相成道"。其中八大菩萨的顺序与题名，与《高王观世音经》（T 2898）几乎一致，而与不空译《八大菩萨曼荼罗经》（T 1167）的名号略有出入，"观自在"在此做"观世音"，"慈氏"做"弥勒王"，"曼殊室利"做"妙吉祥"。[12] 大佛湾毗卢道场侧壁上雕刻的八身佛像（现存五尊），做出拱手、撑掌说法印（图4）等，大致与倒塔长椭圆形龛内的八身佛像（包括两身卷发人）手印相符，两处八身造像最大的区别在于，毗卢道场采用了菩萨装宝冠佛形象。[13] 我们似乎可以猜测，刻于毗卢道场两侧壁的八身胁侍菩萨（西壁现存四身，东壁现存一身；门两侧的文殊、普贤不属于此组）就是八大菩萨，虽然两组菩萨的手印并不能一一对应。

第二条内部证据出自宝顶山小佛湾大藏塔（图5）。[14] 此塔是圣寿寺的重要建筑之一，三级塔身表面上的装饰展示了柳赵教派的关键思想和图像策略。有佛教大藏史专家已经考订出，遍刻于佛塔

图4 毗卢道场佛像的拱手、撑掌说法印

[15] 参见上引方广锠：
重庆大足宝顶山小佛
湾大藏塔录文与研究》。

[16] 上引勘察报告将这
八身形象命名为：毗卢
遮那佛、释迦牟尼佛、
祖师、卢舍那佛（以上
二级）、微妙声佛、阿
閦佛、宝生佛、无量寿
佛（以上三级），不知
所据为何。

[17] 重庆大足石刻艺
术博物馆、重庆市社会
科学院大足石刻艺术
研究所编：《大足石刻
铭文录》，重庆：重庆
出版社，1999年，第
181—182页。

[18] 米德昉：《重庆
市大足区宝顶山圣寿寺
毗卢庵造像的调查与研
究》，《四川文物》，
2019年第2期。

[19] 上引米德昉文，
第57页。

[20] 上引米德昉文，
第57页。

三级表面的佛典经目主体及附录出自《开元释教录略出》，末尾密教部分则出于《大唐贞元续开元释教录》。[15]实际上，除此经目内容外，大藏塔上的图像装饰元素，与上述倒塔的情形略同。其中，位于二、三级八个面上的浅圆龛中的八身佛像（其中二级北面为宝冠佛像，二级南面为卷发人），其手势与倒塔长椭圆形龛中八身佛像的手印大体对应。[16]倒塔上以图像表现出的八大菩萨，在大藏塔这里只是以名号标示出来，刻于一级塔檐之上。一级北面浅圆龛中的"祖师像"以及二级塔檐上或许为护法名号简称的"密天阿苏□□义等摩挐来听□□应志心彦"等内容[17]，则不见于倒塔。

　　第三个内部证据同样来自小佛湾的建筑，此即用长方条石及石板构筑而成的小石室——毗卢庵（编号第9号）。[18]近年已经有学人对满刻在毗卢庵内外壁的文字及图像做出过系统观察，并对其图像志做出了重新考证（图6）。根据这一研究，毗卢庵室内造像由四部分组成，即"毗卢遮那、四佛与四菩萨、柳本尊十炼图、八大明王。总体上看，这是一铺带有密教意涵的诸尊组合，只是柳本尊居士的加入，使意义变得复杂而隐晦"[19]。正壁做"拱手状"的毗卢遮那与上部圆龛中的文殊与普贤，构成华严三圣，虽然这"不是该室要表达的主题"[20]。由于宋立《唐柳本尊传》碑记中提及柳本尊曾持诵"瑜伽经中略出念诵仪"（《金刚顶瑜伽中略出念诵经》），此研究因而进一步对室内两侧壁的造像题材做出了如下推断："毗卢主尊与

图5 小佛湾大藏塔展开图

0　40厘米

图6 小佛湾毗卢庵内壁展开图

四佛可解释为如来、金刚、珍宝、莲花、羯磨五部主，四菩萨代表
如来部四波萝蜜菩萨（尽管上述诸佛与菩萨在印契、持物等方面缺乏
应有的图像特征），结合诸明王配置，构成以毗卢遮那佛（化身柳本
尊）为核心、具有金刚界曼荼罗义蕴的画面。这里毗卢佛被赋予'华
严'与'密教'双重的教主角色……"[21]

　　不过，两壁造像或许可以用其他图像志来加以解释。单就中心
毗卢遮那，周围辅之以四佛、四菩萨这样的组合而言，似乎更接近
日本真言宗所传，基于《大日经》所绘制的《胎藏曼荼罗》中台八叶
院中的诸尊（即中心的大日如来，以及四周的宝幢如来、普贤菩萨，
开敷华王如来，文殊菩萨，阿弥陀如来，弥勒菩萨，天鼓雷音如来，
观音菩萨）——尽管各印契及持物也同样无法一一对应。但是，如
果考虑到上述倒塔及大藏塔的图像内容，那么毗卢庵室内造像就又
可能是毗卢遮那、四方佛、八大菩萨，以及柳本尊十炼的一个组合。
八大菩萨中的文殊、普贤位于正壁，其余刻于两侧壁，其中的两尊
刻于略小的圆形龛内，完全跻身于本尊十炼龛之中。

　　与上两个有文字元素的证据相比，此条证据的可信程度相对较
低。但无论如何，当我们带着这三组证据重新回看大佛湾毗卢道场
的造像组合时，我们难免会做出如下推论——从图像志角度看，毗
卢道场可能是由两组图像组成：第一组是正壁转轮经藏之中的毗卢
遮那与胁侍于门两侧的文殊、普贤，即所谓华严三圣组合；第二组

［21］上引米德昉文，
第58页。

由两侧壁的八身菩萨装宝冠佛与八大菩萨构成。华严三圣出现于此，
丝毫不令人惊奇，前人对此题材在大佛湾各种可能的表现多有论及。
毗卢遮那八大菩萨在毗卢道场的出现却稍显意外，从未见于过往的
相关图像志考证当中。如果考虑到柳赵教派网络之内倾向于在不同
地点重复相同题材的作法——即宝顶山大佛湾出现的石刻，很多都
会在昌州、普州某处或某几处小型地点中得到使用，那我们在大佛
湾毗卢道场所发现的毗卢遮那八大菩萨，就有可能也曾经出现于这
个教派的其他地点。从现存遗迹推断，最有可能的地点，大约就是
安岳毗卢洞和安岳茗山寺了。

　　众所周知，以各种组合出现的八大菩萨曾经出现于前宝顶山时
代的川渝佛教造像之中。[22] 但从已知材料判断，源自不空译《八
大菩萨曼荼罗经》的八大菩萨组合仅见于宝顶山。如果我们上述图
像志蠡测不误，那么毗卢遮那八大菩萨这样一个造像题材，就多少
彰显了宝顶山的佛教密宗特质，也多少能够解释长期以来人们对于
大、小佛湾的"密教印象"：如众多宝冠佛像、丰富的手印等。[23]
更为重要的是，它让宝顶山是否为密宗道场的问题重新回到了我们
的视野。

　　如果我们进一步将这一图像志放置到中古及近世的佛教图像传
统当中，那我们就会意识到，宝顶山的毗卢遮那八大菩萨形象，代
表了这类题材在亚洲佛教世界传播进程中的一个极端变体。

[22] 如北山136号转
轮经藏窟中的八大菩
萨、安岳千佛寨八大菩
萨立像等例。

[23] 关于宝冠佛像与
中古川渝地区密教形
象、瑞像的关系，见
雷玉华、王剑平：《再
论四川的菩提瑞像》，
《故宫博物院院刊》，
2005年第6期；董华
锋：《从菩提瑞像到毗
卢遮那：信仰变迁与造
像的重生》，《四川大
学学报》（哲学社会科
学版），2013年第4期。

[24] Geri H. Malandra, "The Maṇḍala at Ellora / Ellora in the Maṇḍala", *Journal of the International Association of Buddhist Studies*, vol.19(1996):204.另见张同标：《印度埃洛拉石窟第12窟的八大菩萨造像》，《吐鲁番学研究》，2018年第2期，第31—46页。

[25] Malandra, "The Maṇḍala at Ellora / Ellora in the Mandala", 187.

[26] 见Hiram W. Woodward, Jr., "Southeast Asian Traces of the Buddhist Pilgrims", Muse 22(1988):75—91; Suchandra Ghosh, "Buddhist Moulded Clay Tablets from Dvaravatī: Understanding Their Regional Variations and Indian Linkages", Lipi Ghosh ed., *India-Thailand Cultural Interactions: Glimpses from the Past to Present*, Springer, 2017,35—52.

[27] 关于此佛龛较为全面的讨论，见Diana Pyle Rowan, *Portable Buddhist Shrines of the Tang Period*, New York University dissertation, 1997,103—221.

[28] 例如大英博物馆9世纪初期绢本着色《胎藏大日八大菩萨像》（Stein Painting no. 50），见田中公明：《敦煌密教と美术》，法藏馆，2000年，第20—38页。

对于八大菩萨这一题材的谱系研究（stemmatics）会告诉我们，它虽不是一个最重要的佛教造像题材，却是时而重现的一个主题。在印度甫一出现，便已经和佛教密宗实践紧密联系在了一起，如印度埃洛拉石窟第12窟（8世纪中叶）中多组八大菩萨曼荼罗（aṣṭabodhisattvamaṇḍala）石刻（主尊做禅定印），以及约略同时的Ratnagiri Lalitagiri和Udayagiri的八大菩萨形象。[24]值得注意的是，不空所译《八大菩萨曼荼罗经》的原典大约就形成于此时。

之后，在8世纪以降的亚洲中古"世界体系"中，八大菩萨凭借文字和形象两种手段，沿着陆上及海上丝绸之路向印度以外传布。[25]目前已发现的相关遗迹中的很大一部分，可能与那些积极传播这类新密教信仰的佛教僧人及信徒有关。在现存形象当中，不乏便携的形象载体，如印度、东南亚发现的"善业泥"（擦擦）小像[26]、小型木制佛龛（如纳尔逊-阿特金斯博物馆贴金彩绘檀木佛龛）[27]，以及各类软材质上的绘画（如莫高窟所出绢画）[28]。正是凭借着这些便携式形象，各地的匠人在固定载体上创造性地复制了八大菩萨的图像：这些形象分布于中古亚洲佛教世界的很多地点，从印尼中爪哇省8世纪

的曼都寺（Candhi Mendut）基座表面石刻浮雕[29]，到
敦煌吐蕃至归义军时期的壁画（如榆林窟25窟、莫
高窟14窟及敦煌其他洞窟之例）[30]，再到辽代木建
筑的杰作应县木塔第五层"九圣"彩塑以及大明塔
等佛塔表面装饰[31]。

　　近世东亚佛教艺术中，仍然可见八大菩萨与主
尊佛像的组合，如明清时期以及朝鲜半岛高丽至朝
鲜时期的阿弥陀八大菩萨和释迦并八大菩萨。在清
代，由于藏传佛教在汉地的传播，晚期风格的藏传
八大菩萨也出现于汉地的佛堂及陵寝装饰之中，其
中最有代表性的作品是清裕陵地宫南北轴线上四道
石门上所雕刻的八大菩萨像（即文殊、金刚手、观
音、地藏王、除盖障、虚空藏、弥勒、普贤）及东
西轴线上的梵文八大菩萨真言，它们与其他形象、
经咒、种子字（包括毗卢佛种子字）一起构成了以瑜
伽部五方佛为核心的装饰体系。[32]

　　综观上述各例，我们可以看出，《八大菩萨曼
荼罗经》一系的八大菩萨图像在中古及近世的流
传过程中，其组合相对稳定，持物基本保持不变，
但主尊手印各有不同，有时甚至没有主尊出现

[29] Geri H. Malandra, *Unfolding a Maṇḍala: the Buddhist Cave Temples at Ellora*, State University of New York Press, 1993,116；Bautze-Picron, C. "'Le Groupe des Huit Grands Bodhisattva en Inde", Genèse et Développement', in N. Eilenberg et al. eds., *Living a Life in accord with Dhamma: Papers in Honor of Professor Jean Boisselier on His Eightieth Birthday*, Bangkok: Silpakorn University, 1–55.

[30] 上引刘永增：《敦煌石窟八大菩萨曼荼罗图像解说（上）》；刘永增：《敦煌石窟八大菩萨曼荼罗图像解说（下）》，《敦煌研究》，2009年第5期，第8–17页；Michelle C. Wang, *Maṇḍalas in the Making: The Visual Culture of Esoteric Buddhism at Dunhuang*, Brill, 2018, 156–168.

[31] 参见罗炤：《应县木塔塑像的宗教崇拜体系》，中山大学艺术史研究中心编：《艺术史研究·第12辑》，广州：中山大学出版社，2010年，第189–216页；杭侃：《辽中京大明塔上的密宗图像》，《宿白先生八秩华诞纪念文集》，北京：文物出版社，2002年，第587–595页；Youn-mi Kim, "From Esoteric to Pure Land and Huayan Buddhism: Uṣṇīṣavijayā Dhāraṇī Mandala in Liao Buddhism,"《美术史学研究》，第307号，2020年，第153–184；叙永：《辽代八大菩萨造像研究》，《辽金历史与考古》（第七辑），2017年，第81–109页。

[32] 陈捷、张昕：《裕陵地宫石刻图像与梵字的空间构成和场所意义》，《故宫博物院院刊》，2016年5月期。

[33] Li Jian ed., *The Glory of the Silk Road: Art from Ancient China*, Dayton Art Institute, 2003,58;时兰兰:《甘肃省博物馆藏敦煌宋代天禧塔资料辨析》,《敦煌研究》, 2015年第6期。

[34] 按照 Whitney Davis 的说法，"复制"可以进一步分成重复、调整及拒斥，见 Whitney Davis, *Replications: Archaeology, Art History, Psychoanalysis*, the Pennsylvania State University Press, 1996,17,199~231.

（如裕陵），特别是作为佛塔表面装饰时（如传为出自莫高窟或榆林窟的于阗国王大师从德彩绘佛塔）。[33]

在简短地勾画了八大菩萨图像自印度到东亚的谱系之后，我们现在可以回到宝顶山毗卢道场：如同其他所有图像志复制一样，宝顶山在制作八大菩萨形象时基本上采取了重复、调整及拒斥三种手段。[34] 它所重复的，仅仅是以形象或名号形式出现的八大菩萨的组合。它最具革命性的调整，在于多次重复主尊毗卢遮那，以至于宝顶山各地点的八大菩萨变成了密教及华严双重意义上的毗卢遮那的真正陪衬。而它所拒斥的，则是其他地区保持相对稳定的各菩萨手印及持物。上面我们已经看到，即便在宝顶山内部，各菩萨的手印及持物也并不一以贯之。一如出现于柳赵教派网络中的其他典型佛教图像，这里的八大菩萨似乎也站在中古经典佛教图像志的边缘。

无论如何，一旦如此确立了毗卢道场浮雕的题材，我们接下来就可以结合文献，轻而易举地游移到"寓意"（meaning）层面的问题，也就是说，将讨论从图像志层面上升到图像学的层面。早在20世纪90年代，就有学者猜度了大佛湾两个关键地点——圆觉道场和毗卢道场的图像学意义：

"圆觉道场"，系据《大方广圆觉修多罗了义经》而造。此经属华严部，系佛为十二个上首菩萨释疑，授予"十二法

门"，阐明"大圆觉妙理"。该经对佛学中的"色空""定
慧""悟修""顿渐"等诸多要义阐述深刻，故称"一切经之
宗"。所以圆觉道场造的窟室庄严宏大，雕像精美绝伦，以显
其重要。

"毗卢道场"，亦为窟室造像。正壁中央造一精美法台，
毗卢佛坐台中说法，口吐"文理之光"，四壁造听法的"七
处九会"的众多佛菩萨以及各自演说之"法"，体现华严"五
周四分"全部教义（五周即所信、差别、平等、成行、证入
五因果；四分即信、解、行、果）。《重刊唐译华严经序》称
"华严为经中之王，无尽教海，大小权实，莫不并包"。上述
两窟造像，以一"宗"一"王"统摄华严、瑜伽、唯识、禅宗
诸宗深邃哲理和高层次教义，使宝顶造像于"通俗"中不失
"高深"。[35]

类似的说法，被之后的许多专家接受，并以各类方式加以重
述，如有专注宝顶山图像志的学者就曾这样谈及毗卢道场："此窟
除了表现是浓浓密教道场之外，更弥漫着华严经所阐述的华藏世界
海的气息……"[36]

显然，与20世纪八九十年代大足学者所做的推想相比，我们在
二十九年间，只是前进了一小步而已，只不过我们的推想变得更加

[35] 郭相颖：《略谈宝
顶山摩崖造像的哲学、
伦理思想》，《中华文化
论坛》，1994年第4期。

[36] 陈清香：《大足
石窟中的华严思想提
要》，重庆大足石刻艺
术博物馆编：《2005年
重庆大足石刻国际学
术研讨会论文集》，北
京：文物出版社，2007
年，第291页。

具体：在大佛湾圆觉道场和毗卢道场，有可能既有源自密教的毗卢遮那八大菩萨（毗卢道场），又有源自华严系统的华严三圣（毗卢道场），又有"以《圆觉经》为主，《入法界品》为辅而刻石的圆觉经变"[37]。

　　在中古时期，在一个地区甚至是一个地点之内，同时将密教与华严思想形象化的典型例子，除了宝顶山石刻，就是辽代的佛塔了。那里的佛教形象，在图像志和图像学两个层面，都实现了显密融合[38]，更具体地说，实现了密教与华严的融合。如果我们沿着"合一""融合"的思考路径，再将毗卢道场中如转轮经藏、弥勒下生等其他雕刻题材考虑进来，我们的图像学推求就会变得愈发复杂。例如，如同小佛湾毗卢庵正壁铭文"本者根本/尊者最尊"，以及安岳毗卢洞柳本尊十炼图题记"本尊是毗卢遮那"所明示的，柳赵教派以宣扬本尊崇拜为宗旨，所有图像、题材应该也都在服务着此宗旨。[39]本尊形象及据称是代表了赵智凤的卷发人形象，在宝顶山无所不在，以至于我们难免会发问：宝顶山图像志，尽量做到了兼容并包，显示出追求大而全的野心，这些众多的佛教形象是否在服务着这一本尊崇拜、衬托着独属于柳赵教派的"柳本尊十炼"？在毗卢道场中，除了上述华严三圣、毗卢遮那八大菩萨这些题材，正壁台座承露盘上还以浅浮雕表现出与弥勒下生有关的形象及铭文（"正觉门""翅头城"，另有侧壁上的"兜

[37] 童登金、胡良学：《大足宝顶山大佛湾"圆觉经变"窟的调查研究》，《四川文物》，2000年4期。

[38] 于博：《辽塔密教图像意蕴考》，《宗教艺术研究》，2015年5期；Youn-mi Kim, "From Esoteric to Pure Land and Huayan Buddhism"。在宝顶山，毗卢遮那八大菩萨与八相成道、四方佛、十大明王紧密相连，这一作法目前仅见于辽代佛塔装饰。

[39] 安岳毗卢洞柳本尊十炼图题记云："本尊是毗卢遮那佛，观见/众生受大苦恼，于大唐大中九年六/月十五日于嘉州龙游县玉/津镇天/池坝显法身，出现世间，修诸苦行，转/大法轮。"参见陈明光、胡良学：《四川摩岩造像"唐瑜伽部总持王"柳本尊化道"十炼图"调查报告及探疑》，《佛学研究》，1995年第四期；米德昉：《重庆市大足区宝顶山圣寿寺毗卢庵造像的调查与研究》，《四川文物》，2019年第2期。

率宫"题名）。此处所展示的，究竟是谁的下生？是否有可能是本尊
的下生？此窟图像志、图像学的糅杂，堪比南宋《柳本尊传》中复杂
的本尊行状。[40]

[40] 有关柳赵教派与
同时期其他民间结社、
民间宗教的关系，见王
玉冬：《半身像与社会
变迁》，中山大学艺术
史研究中心编：《艺术
史研究·第6辑》，广
州：中山大学出版社，
2004年，第26—59页。

二、走出图像志

41］关于此点，可
参见Carlo Ginzburg,
"Proofs and Possibilities:
n the Margins of Natalie
Zemon Davis' The Re-
urn of Martin Guerre",
*Yearbook of Comparative
und General Literature*
37(1988): 113–127.

42］关于宝顶山的经
目崇拜，参见方广锠：
《重庆大足宝顶山小佛
弯大藏塔录文与研究》，
大足石刻研究院、四川
美术学院大足学研究中
心编：《大足学刊·第
二辑》，重庆：重庆出
版社，第63—64页。显
然，很多学者在研究中
将赵智凤"精通三藏"
视为不言自明的事情，
参见郭相颖：《略谈宝
顶山摩崖造像的哲学、
伦理思想》，《中华文化
论坛》，1994年第4期，
第87页。

但与此同时，我们的推测也逐步走向失控，因此也从根本上背离了据称是图像志、图像学研究原本的特质，即它的所谓"客观性"。

"或许""有可能""推想""蠡测""大约是"——在上面的分析中我们有意使用了这类用语，期望借此来降低图像志与图像学讨论的武断性。实际上，这样的做法是受到了过去半个多世纪里最具活力的实证史学学派——微观史学的启发。作为以复原事物背后的"进深"为鹄的的史学研究，微观史学的一个最大优势在于，它在书写历史时，敢于承认证据链中的缺环，并尽最大可能让历史研究的"揣度性"变得一览无余。[41]正是遵循着这一原则，在上面毗卢道场图像志的个案研究中，我们在做结论时，尽量做到了小心谨慎，我们说：这些有可能是结合了华严与密教图像学的一组图像，因为我们知道，在前述推理的证据链中存在着太多目前无法补足的缺环。这其中就包括：1.赵智凤"精通三藏"。虽然小佛湾大藏塔等遗存显示了一种经目崇拜的存在，但宝顶山网络的缔造者赵智凤是否"精通三藏"还是一个存疑的问题。[42]2.柳赵教派网络制作形象的目的，就是要将密教、华严等佛学义理进行形象化处理。3.八大菩萨曼荼罗形象曾在宋地盛行，赵智凤曾获取到相关粉本。4.赵氏对毗卢遮那在各佛教宗派中的地位了如指掌，因此在布置其形象时，可以做到信手拈来，为其所用。

很明显，对于绝大部分图像志专家和艺术史家而言，补足所有这些缺环超出了其能力范畴。更为重要的是，即便我们依靠文字材料补足了所有缺环，并且做到了环环相扣，我们也不过是利用图像证明了历史学家可能单单通过文献研究就可以得出的结论，我们只不过是在"以图证史"。

最为关键的是，我们忘记了，上述论述以及类似的学术研究，是现代社会的产物——图像志、图像学这一研究方法西方现代的、几乎是"新康德主义"的来源，毋庸置疑。在很大程度上，践行图像志研究的我们生存在现代阴影之中，是"异化了的"观者。在我们的现代历史学信念中，知识一定隐藏于表面之后，也就是说，它需要表征（representation），是秘密的，须凭借数代历史学家的集体努力去耐心复原并解锁。历史研究就是正名，艺术史就是为图像正名。身为图像志专家，真正能触动我们的，往往不是艺术品，而是我们的博学——与绝大多数现代历史学家一样，我们时常为自己的学术行为本身所感动，最终陷入"我执"的魔咒。

现代历史学家在实践图像志研究时，基本上是在观察线图，或者至多是观察黑白照片，其关注点永远是事物的"轮廓"。为了实现诸如宝顶山摩崖浮雕的图像志及图像学阐释，这些浮雕首先要变得扁平，即便在现场面对着这些浮雕时，情况也必须如此。[43] 或者换成一个更为极端的说法，为了复原图像志，学者及观众必须将摩崖本身当成"透明之物"[44]。我们必须像发掘中的考古学家一般，揭

[43] 美术史学科是"摄影之子"的观点，参见Donald Preziosi, *Rethinking Art History: Meditations on a Coy Science*, Yale University Press, 1989, 72. 国内的"美术考古"也同样是"摄影之子"，甚至是"线图的孩子"。对于现代艺术的观看，也常常会陷入这一"照片观看"误区，见［法］吉尔·德勒兹：《弗兰西斯·培根：感觉的逻辑》，董强译，桂林，广西师范大学出版社，2017年，第17页。

[44]"透明之物"一说，来自纳博科夫1972年的小说《透明之物》（*Transparent Things*）关于学者从艺术史层面对此观念进行的反思，参见Maggie M. Williams and Karen Eileen Overbey eds., *Transparent Things: A Cabinet*, Punctum Books, 2013.

去干扰层，直击事物的本质，我们因此便跌落进了中外现代艺术史中"绝对观看""绝对知识"或者说"本质"的陷阱。[45]虽然我们在审视、研读中古佛教艺术，却不自觉地使用了诸如"人文主义""图像学""符号形式""图式"等现代艺术史的"魔法词汇"。[46]满足于图像志研究的我们，同时也满足于生活在一个异化了的、扁平的"世界图画的时代"[47]。更为致命的是，繁盛的旅游业所培育出的庸俗游客对于"故事性"的需求，更进一步加重了这一症候。在知识的"广度"与"强度"之间，大部分学者及游客都义无反顾地选择了前者，忽略了后者。[48]

艺术史学者迈克尔·卡米尔在20世纪90年代为西方中世纪艺术史研究者提出的忠告，对于今天方兴未艾的中国中古宗教艺术研究，仍然有借鉴意义：

> 我们不能将过去的作品……仅仅当成在头脑里阅读的事物。我们的形象不只是关于网络的，它们是关乎质地的。它们不是在屏幕上得到阅读，而是需要用肌肤去感受，需要被不断施压，直至到达痛苦的境地。[49]

就本文关注的宝顶山浮雕而言，我们如何从"见而不视"的图像志过渡到用肌肤痛苦地感受形象？

45] Didi-Huberman, *Confronting Images*, 75.

46] Didi-Huberman, *Confronting Images*, 85–138.

47] Didi-Huberman, *Confronting Images*, 33. 当然，"世界图画的时代"的说法源自海德格尔。

48] 关于"强度"与"广度"，可参见［英］亨利·萨默斯－霍尔：《导读德勒兹〈差异与重复〉》，郑旭东译，重庆：重庆大学出版社，2015年，第5—7页。

49] Michael Camille, "Rethinking the Canon: Prophets, Canons, and Promising Monsters", *Art Bulletin*, 78:2(1996): 201.

　　1966年，在一篇艺术史史学史的经典文章中，历史学家金兹伯格在梳理从瓦尔堡到贡布里希的艺术史书写时曾经提出，面对具象艺术，当出现了图像志的衰落这一症状的时候，"风格问题"的回归就会成为一剂解毒剂。[50] 金兹伯格似乎忘记了，风格学研究与图像志有着共同的新康德主义源头。现在看来，能真正帮助我们走出图像志陷阱的，并非"风格问题"的回归，而是被贡布里希、金兹伯格等学人排斥在外的、对艺术品实施的"相面术"（physiognomy）和它在当下的各种变体，如"情态"、"外观"（appearance）的回归。[51] 因此，在例如宝顶山摩崖这样的个案中，我们就需要让宝顶山的绘画、雕塑事实暂时站在图像志、仪轨或佛学事实（甚至是风格事实）的前面，就好像我们的科学史家同行一样，勇敢地暂时"告别理性"，回到生活，回到表面。[52] 让每一次对诸如宝顶山摩崖这类中古作品的观看，都变成"第一次相遇"。

[50] Carlo Ginzburg, "From Aby Warburg to E. H. Gombrich: A Problem of Method", *Clues, Myths, and the Historical Method*, trans. by John and Anne C. Tedeschi, Baltimore: The Johns Hopkins University of Press, 1989, 17-59.

[51] 当然，与其说"相面术"，可能说"印象"更加准确。我们必须承认，以真正的"相面术"开始的艺术史，不仅虚妄，而且危险，参见Daniela Bohde, *Kunstgeschichte als physiognomische Wissenschaft: Kritik einer Denkfigur der 1920er bis 1940er Jahre*, Akademie Verlag, 2012.

[52] Paul Feyerabend, *Farewell to Reason*, Verso Books, 1988.

三、满溢的表面

柳赵教派宗教设施的兴建，使得一系列重要事件突然降临南宋中晚期的普州和昌州。我们可能永远无法清楚复原这些事件的政治及宗教寓意。不过，现存丰富的相关实物遗迹，特别是浮雕，令我们可以大致复原这些事件的艺术史意义。作为宝顶山的开创者，赵智凤不仅有建立新宗教的野心，而且通过全新使用摩崖石刻、摩崖造像，他还企图实现一个艺术野心：显然，一整座山以及其他许多崖面变成了他们的艺术媒介，一个让摩崖艺术走向极限的机会出现了。

如前所述，宝顶山采用了川渝地区传统的"前崖后寺"的做法：圣寿寺以木构建筑、条石和石板搭建而成的建筑组成，而大佛湾则基本上以彩绘摩崖浮雕为主，原来崖前或许有木构建筑（图7）。[53] 我们可以想象，以木构建筑为主的圣寿寺在相对较短的时间里就建立了起来，与历经数十年才得以完成的大佛湾浮雕相比，圣寿寺的完成几乎是"一蹴而就"。大佛湾更像是一个人在几十年间经营的一件作品，赵智凤及其麾下的匠人似乎有种强烈的愿望，去营造一种与众不同、具有强大感染力的摩崖"外貌"。各类传统佛教图像在他们的手中不仅得到了延续，而且得到了重组和改造。[54] 我们将其与大足北山北宋末至南宋初靖康建炎年间的摩崖造像相比较，即可体验到柳赵系统摩崖造像的革命性（图8）：北山摩崖强调形象的"建筑性"，造像与佛龛紧密相连，在两个多世纪的造像活动中，人们几乎是在随机地分配着可用的崖面；而大佛湾的南宋崖面在一开始就

[53] 和所有前现代浮雕一样，这是些彩绘的浮雕，现存彩绘均为晚期所为，参见杨涛、赵岗：《大足石刻彩绘颜料检测分析报告》，大足石刻研究院、四川美术学院大足学研究中心编：《大足学刊·第二辑》，重庆：重庆出版社，2018年，第348—379页。

[54] 有学人推测，创作了大、小佛湾浮雕的工匠主要利用了宋代普州文氏一系的样式，见米德昉：《宋代文氏一系工匠与宝顶山石窟寺的营建》，《敦煌研究》，2020年第4期，第53—63页。

图7　大佛湾摩崖造像（局部），南宋

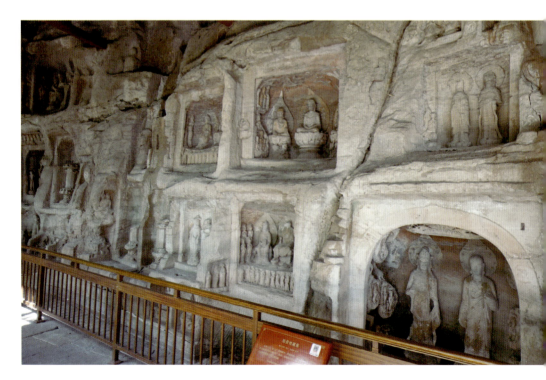

图8　大足北山摩崖造像（局部），南宋

有一个统一的安排，造像不再受到佛龛的制约，而是仿若围绕着崖面满刻出来的一幅幅相互接续的石头画。我们可以想见，这种新鲜的石头画制作行为本身，就是几十年间当地营造的最重要事件。拥有一个如此规模的摩崖，对于当时任何一个地方社会而言，都是一种奢侈。它在当时造成的奇观，是生活在图像时代的我们几乎无法想象的。

摩崖石刻及摩崖造像在本质上是一种"表面的艺术"。早有学人指出了宝顶山浮雕的绘画性。[55]不过，这些并非平整静止的石头画，而是些满布褶皱，甚至是为风所动的画面。宝顶山对于崖面的使用，突破了中古时期山崖表面所利用的传统作法，并不是在平整崖体之后再营造龛像，而是充分利用崖面的凹凸之势和人为凿出的各个小表面。与此同时，工匠在制造这些摩崖时，十分清楚浮雕所独有的"浅空间"特质，并尽可能运用一定的手法去彰显这一特质：总有一些形象（如龙、狮子等形象）以一定的角度打破了其所在的表面，似乎表面之后仍然潜藏着一定的空间（图9）。摩崖浮雕多以镶嵌着宝物的山峦为基底，众多形象（主要是人物）即活跃于这一基底之前，而在崖面多处镌刻出来的各类云纹则将它们联系在一起[56]——之前的中古摩崖造像从来没有成功解决的基底与形象之间的关系问题，在这里得到了一次真正的了结。

在持续多年的大规模造像工程中，为了实现初始的统一设计和

［55］宁强：《大足石刻中的绘画性因素试析——兼谈敦煌艺术对大足石刻的影响》，《敦煌研究》，1987年第1期。

［56］关于包括宝顶山在内的大足石刻中云的类型，参见向静、龙红、邓新航：《大足石刻云纹的装饰设计及意涵》，《西华师范大学学报·哲学社会科学版》，2021年第2期。

图9　大佛湾《大方便佛报恩经变》造像（局部），南宋

蓝图，也为了能够在相对较短的时间里让形象满布于崖面，人们充
分利用了过去几个世纪巴渝地区所积累的丰富佛教艺术视觉语言，
并创造出了一个相对固定，适合批量生产及组合的"形象曲目库"。
各"曲目"经调整后，被用于崖面上不同部位的不同题材。构成每一
个曲目的，是些批量制作的形象"模件"，其中绝大部分是在大幅改
造了当地佛教艺术传统形象之后而变成的专属宝顶山的形象语言。

　　当然，利用模件制造万物是中国传统艺术的特色之一，即便在
当地的佛教艺术制作史上，这也并非一个创举（如北山摩崖五代时期
不断重复的观音、地藏、药师十二药叉神将、陀罗尼经幢等形象）。
宝顶山模件运用的特色在于它的规模、它组装时的巧妙，以及个体

图10　安岳毗卢洞浅圆龛千佛，南宋

形象语言的多功能性：例如，将一个持塔形象进行多次变体，就既可以成为倒塔第一层的虚空藏菩萨、大佛湾毗卢道场正面的护卫，也可以成为小佛湾毗卢庵后外壁的护卫；同样的下山猛虎形象既出现于南宋大佛湾的入口处，也可以以一个缩微版本护卫着小佛湾毗卢庵后壁的阿育王塔和《大方便佛报恩经变》中的石台。

　　在柳赵教派网络之中，最吸引人注意的模件，便是"圆光像"。在普州、昌州多个地点的建筑表面和崖面上，都是先在表面上凿出圆形浅龛之后，再在其中浮雕千佛、毗卢遮那、菩萨、本尊十炼等题材（图10）。在川渝地区之前的佛教艺术中，也偶见圆光像。[57]不过，在宋代，如此大规模地使用圆光像作为表面装饰的作法，似

[57] 如大足北山药师十二药叉神将龛龛楣之例。

乎唯有北宋开封兴慈塔（繁塔）的装饰堪比。

　　实际上，在宝顶山的石刻形象之中，更多的是一些"身态"模件的重复。在此，我们只聚焦于能给观者留下深刻印象的两种模件"身态"。第一种或可称为"面壁"，即背对观者、面朝所礼拜对象的那些姿态（图11）。这些原本是中古绘画擅长的领地，在宋辽金西夏以及高丽版画及佛画中时常可以见到。[58] 在二维的绘画中，这一语言简单明了，背对者位于画面下方，与上方的主尊之间通常保持一段距离，相互间并不接触，也无遮挡关系。然而，当人们期望利用"二维半"的摩崖浮雕去移译这一简单的绘画语言的时候，问题就出现了。首先，原来处于画面下方的背对形象，除了要保持相对较低的一个位置，其背部还必须是所在崖面岩石区域的前平面。也就是说，它们必须位于这组浮雕的最前方。其次，浮雕固有的浅空间，使得背对形象必定与主体形象相连，二者之间几乎不留空隙。这便在观者那里造成了这样一个印象：背对观者的形象不仅面向主尊，它们还紧贴在主尊所在壁面，似乎与主尊形成了一种亲密无间的关系。在唐代川渝地区的石作中，就已经出现了类似的尝试，如安岳卧佛院第3号龛浮雕涅槃佛之前无间隙"面壁"的须跋陀罗。而在宝顶山，这些面壁者最多地出现在毗卢道场，以接近三维圆雕、与壁面若即若离的面貌出现（图11），它们也偶见于其他浮雕"画面"中，如《观无量寿经变》中的化生童子。圆觉道场中面向正壁主尊的

[58] 一些典型的例子可见于，Shih-shan Susan Huang, "Reassessing Printed Buddhist Frontispieces from Xi Xia,"浙江大学艺术与考古研究中心编：《浙江大学艺术与考古研究（第一辑）》，杭州：浙江大学出版社，2014年，第129—182页；[美]卜向荣：《居间的图像——圆觉变相中的长跪菩萨像与宋代佛画论》，大足石刻研究院、四川美术学院大足学研究中心编：《大足学刊·第一辑》，重庆：重庆出版社，2016年，第100—115页。

所谓"长跪菩萨"，已经是利用真正的三维圆雕来阐释同一主题，面壁旨趣虽在，但其背后的技术挑战完全不同，浮雕形式造成的那种亲密感也尽失（图12）。

　　第二种身态模件是柳赵网络广泛使用的半身像。这些半身像或者是做扶座托举姿态的天王，或者是云中现的佛菩萨祖师，它们是构成宝顶山云中世界的重要视觉语言之一。其词源虽可追溯到中古早期，但其语义只是在柳赵教派系统里才得以真正释放。[59]

　　当赵智凤及其匠人决定使用这些模件时，省时省力、对效率的追求应该只是其中的一个考虑。与很多"模件艺术""序列艺术"一样，每一模件形象或模件身态在不同的场面出现时，每一次都似曾相识，但每一次又都有些莫名的差异。这类"差异的重复"让遍布于崖面上及建筑表面上的形象不仅更为满溢，而且让崖面忽然间具有了一种喧嚣的感觉——敏感的观者时不时会发出"它又来了"的感慨。

　　应该说，宝顶山摩崖的喧闹是有意而为之。赵智凤的"新艺术"从一开始就笃定成为具有强烈"言说意识"的艺术，一种劝勉观者甚至逼迫观者去观看、去阅读的艺术。例如，在这个教派网络里的许多地点，尤其是在宝顶山，石刻铭文随处可见。即便在今天，这些文字仍会迫使游客去驻足朗读。在观者目力所及的崖面部分所布置的文字，通常是教派最渴望传达的信息，一如在观者眼睛高度的区

[59] 关于柳赵教派的半身像，见王玉冬：《半身像与社会变迁》，中山大学艺术史研究中心编：《艺术史研究·第6辑》，广州，中山大学出版社，2004年，第26—59页。

图11 毗卢道场前壁"长跪菩萨"浮雕，南宋

图12 圆觉道场"长跪菩萨"圆雕，南宋

域通常会设置那些最耐人寻味的形象：《地狱变》浮雕在这一高度，粪秽地狱的烈焰方池前倾，形成反透视，向观者清晰展现池内沸汤里的惨状（图13）；牛头鬼卒手提裸体之人投向翻滚的镬汤锅内，铁镬同样前倾，以便向观者展示其内容；穿插其间的，是立于大藏塔前的赵智凤降下地狱，并向人说教"天堂也广地狱也阔/不信佛言且奈心苦/吾道苦中求乐/众生乐中求苦"。

与这些"言说"举措相配的，是满溢于山崖、建筑表面的"手势"。在大佛湾，从入口处伊始，观者便已经见证了些有意蕴的手势：一身护法双手展开略写的《大藏佛说守护大千国土经》经卷，另一个护法右手拇指内收，食指及中指指向经卷（图14）。接下来的崖面，到处都是类似的"用手势交谈"的形象。这些形象之间通过手势彼此呼应，并且与观者形成积极互动。众所周知，柳赵教派造像手印的搭配组合很难与已知的任何一个佛教手印系统匹配，它们似乎自创了一个体系。从艺术史层面而言，中古佛教手印原本就是一套"风格主义"的肢体语言。[60] 在宝顶山，佛教手印穿插于那些"自然的"手势之间，变成了手势，中古早期佛教艺术中的手印由此被转化成了一系列夸张的肢体语言。其中毗卢遮那造像的手势，既不做智拳印，也不做最上菩提印，完全不见于柳赵教派之外的佛教造像（图15）。与其将之视为一种特殊的佛教手印，倒不如将其简单地当成"拱手"。同理，上面提及的柳赵教派毗卢遮那形象的另外一个手

[60] 关于佛教手印的研究与整理，可参见下面这篇文章所引述的诸成果，Henrik H. Sørensen, "On the Use of Mudrās in Dunhuang's Buddhist Rituals During the 9th to 10th Centuries", *Buddhist Road Paper* 2.4(2021):3-29。相关的中古道教手诀研究，见Mitamura Keiko, "Daoist Hand Signs and Buddhist Mudras", Livia Kohn and Harold D. Roth eds., *Daoist Identity: History, Lineage, and Ritual*, University of Hawai'i Press, 2002,235-255.

图13　大佛湾《地狱变》(局部)，南宋

图14　大佛湾护法神龛（局部），南宋

图15　毗卢道场拱手主尊，南宋

印"撑掌说法印"（图4），虽然是华严卢舍那的手印之一，偶见于东亚各地中古至近世的佛教艺术（如北宋灵岩寺、元代飞来峰，高丽时期的朝鲜半岛佛画），但其左、右手臂曲肘、双手摊开这一姿态所展示的独特"风格主义"，显然也是此手势能够入选柳赵教派造像"手势资源库"的原因之一。[61] 由于这些风格主义、戏剧化手势的存在，大佛湾的崖面就变成了充满生命的崖面。[62]

在大致勾画了柳赵教派建筑表面，特别是大佛湾摩崖表面的总体情况之后，我们现在可以再次回到毗卢道场，来见证它的表面。

毗卢道场的总体设计思路来自当地的一个视觉资源，即北山南宋绍兴年间开凿的转轮经藏窟。后者不仅为毗卢道场提供了安置主尊的转轮经藏形式，而且环绕其侧壁的八身菩萨，也应该是毗卢道场造像布置的灵感来源，只不过在毗卢道场增殖成为八身佛像并八身菩萨像。不过正如前文所述，与南宋初期北山崖面相比，毗卢道场、圆觉道场以至于整个大佛湾的与众不同，在于它们的统一安排、统一设计——要理解毗卢道场，必须将其和圆觉道场放在一起观察。作为大佛湾仅有的两个洞窟，它们打破了大佛湾崖面连续的浮雕山峦基底，但山的背景在两个洞窟里仍然得到了延续——它们仿若两个山洞。在其中，云掩映着山，佛菩萨及侍卫寓居山间。圆觉道场的形象布置更加舒朗，正如它洞窟本身的"幽深"；狭窄的毗卢道场的表面则更为拥挤。也正因为如此，大佛湾浮雕设计的所有特点更

［61］赖天兵：《飞来峰元代华严三圣造像研究》，《圆光佛学学报》，2007年11期；胡文和：《大足、安岳宋代华严系统造像源流和宗教意义新探索——以大足宝顶毗卢道场和圆觉洞图像为例》，《敦煌研究》，2009年第4期；［美］卜向荣：《居间的图像——圆觉变相中的长跪菩萨像与宋代佛画论》，大足石刻研究院、四川美术学院大足学研究中心编：《大足学刊·第一辑》，重庆：重庆出版社，第106—109页。

［62］关于风格主义姿势的生命，见［法］吉尔·德勒兹：《弗兰西斯·培根：感觉的逻辑》，董强译，桂林：广西师范大学出版社，2017年，第205页。

多地在毗卢道场中展现了出来。各类云纹，面壁形象，风格主义的拱手、撑掌等手势集中出现，差异性重复在此一览无余。在面对这些满溢的形象时，这些模件形象与手势是否构成了"华严三圣""毗卢遮那八大菩萨"，似乎已经不再是一个问题。

很显然，包括毗卢道场和圆觉道场在内的宝顶山摩崖石刻，在汇聚但同时也在挑战着传统的佛教图像志。题材、图像志在此成了"外观"的附庸。在这里，图像志仿佛只是一个借口，绘画事实、雕塑事实的重要性远远超越了图像志事实。人们似乎更加关注艺术可以做些什么，而不是艺术到底言说了什么。[63] 图像志在服务着云雾缭绕、遍布人物的山，而不是相反——一个"表征的废墟"[64] 就这样出现了。毗卢遮那八大菩萨曼荼罗（如果我们之前的图像志复原不误的话），被这些本应是次要的视觉元素长期淹没，因此被长期遮蔽，就是件可以理解的事情了。

像毗卢道场这样的浮雕所彰显的，是摩崖作为一种手艺的一个创造性时刻。如果我们一定要做出判断，或许我们会说，毗卢道场以及柳赵教派基础设施的艺术史意义，可能远大于它们的宗教史意义。我们甚至可以说，赵智凤更大的兴趣在于建立一个惊世骇俗的摩崖地点。他极尽所能，为的是取得全面的"轰动效应"。他一定是个充满魅力的宗教领袖，受到了当时川籍显赫军政要人的支持。个中原因，除了他的个人魅力，当然和他的"新艺术"有关。也就是

[63] 我在此借用了一个当代艺术批评的表达，出自 Dorothea von Hantelmann, *How to Do Things with Art*, JRP|Ringier, 2010.

[64] "表征的废墟"（ruin of representation）的说法，出自 Dorothea Olkowski, *Gilles Deleuze and the Ruin of Representation*, University of California Press, 1999.

说，宝顶山之所以赢得了当时的社会，不仅仅是由于它聚集了各类
宗教图像，举行了一系列宗教仪轨，更是因为它制造了一系列新的
表面艺术："正是在表面这里，绝大部分行动发生了。"[65]从大、小
佛湾未完工的石刻推断，宝顶山摩崖造像的制作一直持续到了柳赵
教派消亡之日。我们可以想见，在数十年时间里，宝顶山就是一个
随处可见各类工匠的忙碌身影的世界，一个充满了工具敲打石头时
发出的叮当声的世界。当我们回望中国艺术史，我们可以肯定地说，
赵智凤显然实现了他那创造全新艺术的目标，中国历代统一安排设
计的摩崖造像，无出其右者。

65] James Gibson, *The
Ecological Approach to
Visual Perception*, Bos-
ton: Houghton Mifflin,
1979, 23.

四、艺术史证词

目前通行的各种版本的现代艺术史手段——无论是"图像学",还是"视觉文化""时代之眼",大多旨在通过"阐释"去"驯服图像",由此让所有艺术品,包括那些反常的艺术品"安全地停泊"于历史的、宗教的或风格的语境之中。[66]

但柳赵教派摩崖石刻为中国艺术史写作制造了一个令人意想不到的问题,它们仿佛突然间偏离了中国中古佛教艺术的既定轨道。我们习惯用来描写中古佛教艺术题材、风格,以及视觉文化的语言,似乎失去了效力。这一组石刻造像的别出心裁,不在于发明了新图像志、新形式语言、新视觉语言,而在于制造了一个新的情态,即它特有的喧闹、满溢效果。在形象语言上,宝顶山并无太多创见,它所利用的是"建立在奇异性之上"的重复。面对着它的奇异、独特与殊胜,客观冷静的图像志、风格分析以及视觉分类会显得苍白无力,好像只有凭借着直观感知才可以接近它,而"直观的现存事物的顽固性,它抵制每一种概念说明,不管这种说明多么深入"[67]。宝顶山形象总给我们留下这样一个印象——它们似乎在不断地宣称"宗教就该如此""艺术就该如此"。

在这种意义上,它们属于近些年来宗教图像史(包括中国宗教图像史)研究中所关注的"灵异"图像之类。[68]问题在于,对于今天的我们而言,面对这些灵异图像,艺术史家的语言何

[66]"驯服图像"说,见Matthew Rampley,"The Poetics of the Image: Art History and the Rhetoric of Interpretation", *Marburger Jahrbuch für Kunstwissenschaft*, 35(2008):7-8;另见Kamini Vellodi, *Tintoretto's Difference: Deleuze, Diagrammatics, and Art History*, Bloomsbury Academic, 2019,2.

[67][法]吉尔·德勒兹:《哲学的客体:德勒兹读本》,陈永国、尹晶主编,北京:北京大学出版社,2010年,第16页。

[68]关于图像的灵异性的研究,开始于David Freedberg, *The Power of Images: Studies in the History and Theory of Response*, University of Chicago Press, 1991;在佛教图像研究中的此类经典,仍然是Bernard Faure,"The Buddhist Icon and the Modern Gaze", *Critical Inquiry* (Spring 1998):768-813, 以及Robert Sharf and Elizabeth Sharf eds. *Living Images: Japanese Buddhist Icons in Context*, Stanford University Press, 2002.

为？答案或许是——提供证词。

简单而言，艺术史家将自己变成见证者，将自己写下的文字视为真切的证词。这证词不是可以被客观证实的记述，见证人只提供他的所见，而不会妄称自己对于整体形势的把握。"在给出这样一个叙述的时候，见证人将他的听众或读者变成了他自己叙述的见证人，成为了所述之事物的第二级见证人。"[69]他会像真正的艺术实践者一样，在图像志、风格学、文化史构成的貌似清晰的"声音"之外，辨识出物质性的"噪音"。[70]这证词的言说者会坦然面对其主观性和不确定性，而不是假作客观，更加不会像最保守的图像志专家那样，期望自己的每一次图像阐释，都是一次盖棺论定。他知道，艺术史在本质上是永不停歇的、"讲给成人的鬼故事"[71]。

艺术史证词作为一种非致知的知识（knowledge of not knowing），或许是制衡图像志失控、风格学泛滥、文化史至上等现代艺术史弊端的一个有效途径。但毫无疑问，图像志、风格学、文化史是20世纪知识工程的重要成果，只要20世纪现代学术研究模式尚存，它们在未来就仍会大行其道。[72]深陷20世纪知识工程中的我们，也可以选择对其困境视而不见，那么一切就依然安好。

本章原刊于《美术研究》（2022年1期），此次发表有修订

［69］Emma Wagstaff, "Francis Ponge and André du Bouchet on Giacometti: Art Criticism as Testimony", *The Modern Language Review*, Vol.101, No.1(2006):75-89.

［70］Arnas Anskaitis, "Exposing the 'Voice' of Self-Comprehension to the 'Noise' of Materiality", *MaHKUscript: Journal of Fine Art Research*, 4(1):2,1-6.

［71］Didi-Huberman, *Confronting Images*, xxii。"讲给成人的鬼故事"的说法，来自瓦尔堡。

［72］"20世纪知识工程"（20th century knowledge project）的说法，出自芝加哥学派社会学目前的代表人物安德鲁·阿伯特（Andrew Abbott）。

V

前出与望入

——关于浮雕的现象学

关键词：

浮雕

透视

视觉中心主义

现代主义

一、中古的浮雕实验

　　中古早期，随佛教传入中国的南亚艺术实践与艺术理论，极大
地刺激了中国的艺术制作活动，从根本上改变了之后中国绘画及雕
塑的走向。本章首先讨论的几次浮雕艺术实验，便发生在佛教及佛
教艺术第一次密集进入中国的五六世纪。这些实验向我们生动地展
示了，当时的中国工匠在面对来自域外的艺术品、艺术技法和理论
时，如何去改变他们原本的艺术思维，又如何去重新思考、探索绘
画和雕塑各自的本质以及二者之间的复杂关系。这是些以最宽泛意
义上的"墙面"作为载体而做出的艺术实验，其根本目的在于创造
出完全不同于前佛教时期艺术的全新雕塑与绘画。有赖于这些实验，
前佛教时期相对单一的浮雕及类浮雕艺术自此在中国得到了快速的
发展，中国的墙面也就日益丰富了起来。

　　其中，第一类实验与石雕有关。四川成都梁普通四年（523）贴
金彩绘红砂岩造像的正反面浮雕，是这类实验中的突出实例，可以
用来帮助我们理解当时工匠在实现他们的新艺术理念、制造新型石
雕时所采用的具体策略。

　　造像背面上的场景是供养人听法。它基本上由两个平面组成，
即刬平了的石材的原始平面（也称前平面、第一平面）及与它平行的
背景（也称后平面、第二平面）——这是包括四川在内的各地区前佛
教石作、砖作浮雕（尤其是被称为"汉画"的画像石和画像砖）的通
行作法（图1）。将此技术用于新近发明的佛教艺术品的背面而不是

图1　背屏式造像背面
浮雕，红砂岩，36.2厘
米×30厘米，523年，
四川博物院

正面，无疑暗示了汉地雕刻传统及其技法在此类新艺术制作当中的附庸地位。同样的情况也发生在同时期的中古石窟浮雕中——这种汉地传统的浮雕技法大多用在了石窟的次要表面和次要题材（如供养人形象）。这类浮雕源自于线描，其最终面貌也非常接近线描。刻工剔地去料，将人物轮廓线四周的石材表面凿去，一些形象由此浮凸于表面。之后，这些突起形象的边缘会得到加工，内部表面也会被赋予一些细节造型，以便形象带上少许体积感。[1]或许，我们可以借用雕塑家L.R.罗杰斯（L.R. Rogers）的话来描述这类浮雕——这些人物没有被当作"独立自足的躯体。相反，它们被'束缚'于表面或散布在表面之上，或者以其他方式与表面结合在一起，将它们想象成独立存在的实体是很困难的一件事情"[2]。

　　与背面浮雕相比，成都造像的正面浮雕，高调地宣告着一种新型浮雕的到来（图2）。[3]在石材大约十厘米的可用进深里，工匠镌凿出了包括中心佛陀在内的多个人物。这些人物的轮廓各不相同——位于前方的人物在身后有很深的下凿，在特定的光线里，它们甚至可以投下阴影。与之相反，最后方的两个弟子，只是略微高出浮雕的背景，中央佛陀背光上的那些人物，更只是微微"凸起的素描"[4]而已。值得注意的是，浮雕对于人物手势的安排。这些人物作出各类手印，绝大部分的手印与浮雕表面相平行，但又有一些例外，如佛陀左手似乎就与石材的表面相垂直。这件浮雕因此就给人

[1] 我在这里有意使用L.R.罗杰斯在描述多纳泰罗"扁平浮雕"（stiacciato）时所采用的一些术语，我们会在晚些时候分析他的浮雕作品，见L.R. Rogers, *Relief Sculpture*, Oxford University Press, 1974.

[2] Rogers, *Relief Sculpture*, 84.

[3] 有关这件造像碑及其浮雕的考古学描述，见四川博物院、成都文物考古研究所：《四川出土南朝佛教造像》，北京：中华书局，2013年，第77—81页。

[4] "凸起的素描"这个术语借用自罗杰斯，见Rogers, *Relief Sculpture*, 5.

图2　背屏式造像正面
浮雕，红砂岩，36.2厘
米×30厘米，523年，
四川博物院

造成了这样一个印象——不是所有的形象都被限定在石料原初的前平面和后平面之间的有限空间里，前方的一些人物看起来似乎要突破那个前平面。

由于缺乏对中国中古早期石雕制作法全面、细致的复原研究，即便我们能够感知到梁普通四年（523）造像两面浮雕的差别，要准确判定工匠在制作造像正面浮雕时所采用的具体技术及步骤，却存在着一定困难。[5] 在这里，艺术史学者和雕刻家对于世界其他地区（尤其是南亚地区）浮雕技法的研究，以及近年来国内佛教考古学家对云冈石窟等地所做的营造复原研究，或许可以帮助我们做出相对可信的推测。[6]

古代印度石作浮雕造像可以按照媒材的不同分为两类，即在岩体上直接进行镌刻的造像（大部分佛教及印度教石窟造像就属于这一类），以及单体石浮雕造像。

当在岩体上直接镌凿形象时，印度石作传统让"开脸"扮演了无比重要的角色。从阿旃陀、埃罗拉等处5世纪至8世纪未完成的石窟造像判断，工匠当时遵循了一个从头到脚的加工程序——头和面部最先从背景之中解放出来，在完成了对它们的打磨、抛光之后，才是对造像躯干部分和腰部以下部位的加工，而双脚的作细和打磨则属于最后一个步骤。[7] 头和面似乎是后来雕出的身体部分的参照物，它们的尺寸决定了身体其他部分的尺寸。"在雕凿程序中，完成佛像

[5] 至目前为止，学者只对为数不多的石窟做出了较为详细的佛教实验考古研究，例见彭明浩：《云冈石窟的营造工程》，北京：文物出版社，2017年，第266—273页。

[6] 关于印度浮雕制作法的研究，除上引罗杰斯著作外，另见 Vidya Dehejia and Peter Rockwell, *The Unfinished: The Stone Carvers at Work in the Indian Subcontinent*, New Delhi: Roli Books, 2016.

[7] Vidya Dehejia and Peter Rockwell, *The Unfinished*, 175–176.

的头及面部，比规划整个身体要更加重要。"[8]

　　在古代印度，单体石造像的制作可能是在已经安置到了寺院墙壁上的石板上完成的，故此通常会使用脚手架。其制作采用了不同于石窟墙壁造像的两个手段。其中，由两步组成的所谓"曲奇模子"（cookie-cutter）作法，也见于世界上许多其他石作传统中，是一种简单却古老的浮雕制作法。它开始于"划界"（circumscription），工匠或利用粉本或直接在戗平的石材表面上刻出或绘出人物轮廓。之后，沿着轮廓线垂直下刻，将轮廓线以外的石头凿至同一个平面[9]，这样就出现了一个与浮雕原始平面相平行的后平面，描刻在原始平面上的形状于是被转移到后平面之上。接下来就只需对人物形象进行造型及添加细节了（图3）。

　　印度单体浮雕的另外一个制作法是"前平面技法"（front-plane technique），工匠从最接近原始平面的那些人物和细节开始。[10]当这些部位变得相对清晰之后，才开始镌凿各形象之间的石头，同时加入不在前平面上的那些细节。这些浮雕的背景通常不是一个统一的平面，浮雕各部分背景的进深也于是各不相同。

　　实际上，不易把握的"前平面"技法也曾出现于其他雕塑传统之中。瓦萨里在《艺苑名人传》里就曾用一个生动的形象来说明此技法：艺术家逐渐凿去石头，让人物从大理石中显现出来，"就像人们从一池水中提起水平放置的一个蜡像。首先出现的是身体、头和膝

[8] Vidya Dehejia and Peter Rockwell, *The Unfinished*, 181.

[9] David Summers, *Real Spaces: World Art History and the Rise of Western Modernism*, Phaidon, 2003, 448; Vidya Dehejia and Peter Rockwell, *The Unfinished*, 183.

[10] Vidya Dehejia and Peter Rockwell, *The Unfinished*, 183-184.

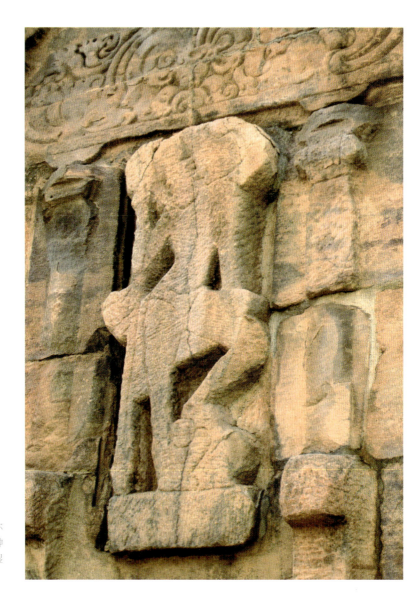

图3 印度帕塔达卡尔
建筑群桑迦梅斯瓦拉神
庙10号龛未完工的湿
婆浮雕，8世纪初

盖，随着蜡像不断升起，人物便逐渐显露出来，多于一半的浮雕出现了，直至最后现出整个圆雕"[11]。据称，米开朗琪罗就曾经大胆尝试过这一不具备内在逻辑、在文艺复兴艺术家中并不流行的"浮雕"手法去制作圆雕，未完成的《圣马修》应该就是其中并不理想的结果之一（图4）。现在看来，此技法最为充分的利用，出现于罗马卢多维西石棺浮雕（图5）、犍陀罗建筑浮雕、印度桑奇大塔、阿玛拉瓦提大塔浮雕等处。所有这些浮雕都是多人物画面，众人物的头部及身体突出部位的所在，是石板的原始平面，这便造成了众人物向前方涌出的特殊效果——"拥挤""繁忙"或许是描绘这些浮雕的合适措辞。[12]

　　这里需要强调的是，类似上面这种对于"前平面"浮雕的定义，只是狭义的书面定义而已。包括"曲奇模子"在内的浮雕技法，几乎全都是开始于前平面，而且在实践中，一旦进入"作细"的步骤，前平面技法的局域使用更是难以避免。也就是说，前平面技法潜藏于所有浮雕制作行为之中，"前出"效果也潜藏于所有浮雕之中，狭义的前平面技法，只不过是让"前出"变得更为显著而已。

　　根据上面总结的古代印度造像制作法，再参照中古中国其他地区佛教造像残存的制作痕迹，我们现在可以做出如下推测：为了制作类似成都造像正面浮雕这样的作品，工匠可能在雕刻的第一阶段，使用了"曲奇模子"的手法——也就是说，根据初始轮廓线，先向下

[11] G. Baldwin ed., *Vasari on Technique*, J. M. Dent & Company, 1907,151.

[12] Rogers, *Relief Sculpture*, 38–39.

图4　米开朗琪罗,《圣
马修》,大理石,高
271厘米,1505—1506
年,佛罗伦萨学院美
术馆

图5　卢多维西石棺浮雕，大理石，高153厘米，约250年，罗马国家博物馆

13] Vidya Dehejia and Peter
Rockwell, *The Unfinished*, 183.

14] 如山东安丘、临沂吴白
庄等地发现的结合了"曲奇
模子"和"前平面"技法的高
浮雕之例，参见曾蓝莹：《作
坊、格套与地域子传统：从
山东安丘董家庄汉墓的制作
痕迹谈起》，《美术研究集
刊》，2000年第8期，第77页；
信立祥：《汉代画像石综合
研究》，北京：文物出版社，
2000年，第39页；临沂市
博物馆编《临沂吴白庄汉画
像石墓》，济南：齐鲁书社，
2018年，图184、188、202、
210、217、218、228、229等。
从目前发现的材料看，这一
技法只用于次要的边缘形象。

15] 从云冈石窟未完工的窟
龛判断，中古早期石窟造像
可能采用了不同的雕凿顺序，
见彭明浩：《云冈石窟的营造
工程》，北京：文物出版社，
第192—197页。

16] 关于印度古代石作浮雕
的彩绘情况，见K. M. Varma,
"The Rôle of Polychromy in
Indian Statuary", *Artibus Asi-
ae*, Vol.24, No.2 (1961),117−
132.

垂直凿出整铺造像的大形，平整第二平面，之后"作细"，对作品进行逐步修饰和完善。这就意味着，梁普通四年（523）造像正面的浮雕实际上与背面浅浮雕所使用的"完整，有条不紊，理性的技术"，并没有本质上的区别。[13] 不过更有可能的是，成都造像碑的工匠们采用了颇具挑战性的前平面浮雕技术，来演绎新近舶来的浮雕样式。他们从位于石材原始前平面上、形象的那些最凸出点开始，接着再层层雕刻正面及两侧面上的形象，直至浮雕后平面（图6）。如果情况果真如此，那么这浮雕就成了中国浮雕中古之变的一个卓越代表，虽然说出于某些原因，此手法在汉地前佛教时期的个别地点、个别时段里也曾经得到零星的运用（图7）。[14]

　　当然，无论是成都造像碑还是利用其他技法制成的石窟浮雕的现状，都已经不是它们的原貌。[15] 和上述印度浮雕一样，它们原本拥有亮丽的彩绘和贴金，而且大多曾经和壁画相结合，一起构成了新的礼仪地点，并进而构成了不见于前佛教时期的新宗教景观及艺术景观。[16] 为了真正理解这类新式浮雕，就必须分析当时浮雕及浮塑与绘画之间形成的既亲密又相互竞争的关系——这一关系在遗存保存相对完整的敦煌莫高窟5世纪上半叶的壁画和浮塑中得到了彰显。

　　仅以北凉时期的莫高窟第275窟为例。尽管经过了历代重

图 6　背屏式造像左侧面浮雕，红砂岩，523
年，四川博物院

图 7　临沂吴白庄汉画像石墓胡人力士画
像石浮雕，画像石，汉，临沂市博物馆

图8 莫高窟第275窟，5世纪初

绘，但它最初的面貌基本上得到了保存（图8）。在莫高窟，"加法"
而成的彩绘浮塑取代了"减法"制成的浮雕。彩塑佛像制成后，紧贴
壁面放置，但佛像身体最宽处和墙壁之间留有一定空隙，其作用略
同于石质高浮雕形象身后的下刻，目的是确保浮塑人物在视觉上既
属于墙壁，又突出于墙面。

　　与此同时，同一洞窟当中的壁画人物，凭借色值对比，在回应
甚至挑战着这些浮塑人物（图9）。坦露的躯体部分利用明暗渐变的
赭色进行塑形，于是在墙表面上，平涂而成的衣服、持物就与有立
体感的肉体之间有了区分。彩绘浮塑与带有塑形的人物壁画之间仿
佛在彼此斗艺，分别利用独属于自己的手段来展示制造"立体感"的
能力。浮塑人物和壁画中的人物共享有花朵和其他植物母题点缀的
深赭色"背景"，但这"背景"所指模糊不清。对一些观者而言，它
是一个倾斜的地面，另一些人则认为它就是一个垂直面，就像成都
造像碑正面浮雕的背屏。

　　浮塑与浮塑画之间的斗艺方式，不止于此。中古早期，还出现过
处理彩绘浮塑与绘画关系的另外一种方法，麦积山石窟6世纪晚期的
"薄肉塑"就是一个极好的例子（图10）。在这个实验中，莫高窟第275
窟壁画中具有"浮塑感"的部分，在此利用泥土来实际塑造。它们略
高于墙面，几乎就是墙体表面上的微突，与同样画在墙面上的衣服和
飘带自然流畅地衔接在一起。浮塑表面和墙壁表面的连接模糊、柔和，

图 9　莫高窟第 275 窟胁侍菩萨，5 世纪初

图10　麦积山石窟第4窟薄肉塑伎乐飞天，6世纪后期

[17] 当然，这是帕特、
罗斯金等对多纳泰罗
"扁平浮雕"的描述，见
Rogers, *Relief Sculpture*,
96-99.在某种意义上，
"薄肉塑"似乎又在以塑
的方式，演绎着前佛教
时期的浮雕。

[18] T 1604, p.0622,
19-20.

[19] 许嵩：《建康实
录》，北京：中华书
局，1986年，第686页。
当然，此处所谓"凹凸
花"，也可能指的是类
似克孜尔石窟等处忍冬
纹或椽头纹的"天竺"
纹样。通过明暗冷暖色
的并置、对比，它们
一样可以制造出前突
效果，参见吴焯：《佛
教东传与中国佛教艺
术》，杭州：浙江人民
出版社，1991年，第
220-221页。

浮塑仿佛融入并消失在壁画里。浮塑的轮廓只是因为表面上的刻线，才略微可见。由于泥的易操控性，手指、手掌、鼻子、嘴唇及耳朵等的塑造轻薄精巧，除非有强烈的光照，否则这些塑形也一样不易察觉。工匠不是在塑造事物的形式，而是在塑造形式造成的效果。[17]

　　工匠在汉地第一次大规模制作"天竺类"浮雕、浮塑的时候，中古中国还出现了一系列与浮雕浮塑有关的文字实验。首先在佛教经论的汉译当中，出现了一些描写绘画的新语汇，之后它们逐渐成为汉语表达的一部分，并最终促成了汉地本土文献中的新表述。例如，汉译佛典中的"凹凸""高下"这些语汇，是对梵文词汇natōnnata/nimnōnnata的汉译。在中古及之后的很长时间，人们会用"凹凸"一词来描写绘画中的立体感。唐代汉译佛典《大乘庄严经论》就曾说："譬如善巧画师能画平壁，起凹凸相，实无高下而见高下。"[18]在汉地画史的记载中，此技法据信是在张僧繇及其后继者那里得到了发扬光大，张僧繇画在6世纪早期建康一乘寺壁面上的"凹凸花"，尤其是历代画史文献不断提及的一个话题：

　　　其花乃天竺遗法，朱及青绿所成，远望眼晕如凹凸，就视
　　即平，世咸异之，乃名凹凸寺。[19]

　　类似这样的形容，在9世纪上半叶催生了一种本土表达。例如，

段成式在记述尉迟乙僧、黄甫轸等人绘制的佛教寺院壁画时，由于
注意到了佛殿昏暗的采光对于观看"凹凸画"的影响，故此将这些人
物描绘为"势若脱""身若出壁""逼之摽摽然"。[20]也就是说，画
中的明暗凹凸在昏暗的殿堂中制造出了具有动感的视觉效果——画
中人物仿佛向观者扑面而来，进入观者所在空间。

[20]段成式：《酉阳
杂俎续集卷第六·寺塔
记下》，段成式撰、许
逸民校笺：《酉阳杂俎
校笺》，北京：中华书
局，2015年，第1873—
1874页，第1893页。

二、浮雕问题

1937年，艺术史家斯黛拉·克拉姆里什在一篇研究印度石窟壁画的论文中曾说：

> 就我们所知，印度绘画中的阿旃陀类型，从公元2世纪延续到6世纪。它不从进深角度进行构思；它向前突出。……它不离人而去，相反，它迎面而来。……所有其它种类的绘画都遵从两种法则：它们或者将背景当作一个表面，并且寓居在这个二维之中，或者运用某种方式创造出一个有进深感的错觉。[21]

在她看来，阿旃陀石窟壁画中的地面是"倾斜的"，经过了凹凸塑形的人物"在这个地面上或立或动"（图11）。正是这个地面，"让人物纯熟的体积感显现出来，这地面还遮蔽了位于人物背后那个区域里的所有事物，而这些人物正是出自这一区域"；"从（这个彩绘地面）背后那难以捉摸的进深之中，壁画的内容得以安置，而且变得唾手可得"[22]。显然，在克拉姆里什眼中，苔绿色、印度红或深紫色的区域一方面必定是对地面的再现，以便人物能够在这片地面上停留或走动；另一方面，这片区域又是一个倾斜的面，能把人物推向观者。克拉姆里什在努力寻找着合适的语汇，去表达她对阿旃陀壁画的感知，并希望凭借这些描绘去消解她在壁画中见证到的人物与基底间模棱两可的关系。

[21] Stella Kramrisch, "Ajanta", *Exploring India's Sacred Art: Selected Writings of Stella Kramrisch*, Philadelphia: University of Pennsylvania Press, 1983,273.

[22] Kramrisch, "Ajanta", 287.

图11   阿旃陀石窟第17窟须达拿本生（局部），5世纪

[23] Stella Kramrisch,
"Wall and Image in
Indian Art", *Exploring
India's Sacred Art*, 260.

[24] 该书经过版本校
勘的德文原文，可参见
Henning Bock, ed., Adolf
von Hildebrand, *Gesam-
melte Schriften zur Kunst*
(Cologne: Westdeutscher
Verlag, 1966),41-350。
最新的英文译本参见
Adolf von Hildebrand,
"The Problem of Form
in the Fine Arts", *Em-
pathy, Form, and Space*:
*Problems in German
Aesthetics*, 1873-1893,
ed. and trans. Harry
Francis Mallgrave and
Eleftherios Ikonomou,
Santa Monica, CA: Getty
Center for the History of
Art and the Humanities,
1994,227-79.

二十年后，克拉姆里什稍微调整了她之前对于阿旃陀壁画"前
出"效果的分析。现在，她不仅在中世纪印度高浮雕和古典时期阿旃
陀类型的壁画中，都看出了这一"前出"，而且她还发现，阿旃陀
壁画当中彩绘的立方体和其他几何形状、向外突出的椽头，以及倾
斜的地面，与画中人物肌肤的塑形手段一起营造了一个图画空间，
"人物似乎就在这个空间里移动着，他们就是从这个空间里被释放
出来"[23]。不难想象，如果让克拉姆里什去描写上述成都、敦煌和
麦积山的作品，那她定会借助类似的描述。当将"前出"强调成为印
度系绘画和浮雕在观者那里所造成的主要效果时，这位20世纪的艺
术史家与汉地中古作者段成式的观点，几无二致。

在这一方面，克拉姆里什的观点与她的老师约瑟夫·斯奇戈夫
斯基（Josef Strzygowski）及其追随者的观点也大略相同。他们都坚
信，印度艺术和其他"东方"传统是一面镜子，能够映照出"西方"
艺术传统的本质和历史。当克拉姆里什努力构建一种类似浮雕的、
有前突效果的图画艺术类型，并将它与依赖二维平面和能产生进深
错觉等绘画类型进行区分的时候，她实际上正在尝试动摇并超越20
世纪初期以降被广泛接纳并一直占据着主导地位的形式主义艺术史。
后者的源泉，就是德国雕刻家阿道夫·冯·希尔德布兰德（Adolf von
Hildebrand）的《造型艺术中的形式问题》[24]。

希尔德布兰德重拾陈旧的浮雕媒介，并将其重新定位。他和他

在现代主义艺术家和批评家中的信徒宣称，在观看雕塑和绘画时，
观者不可在作品前随意无节制地行走，而必须像观看浮雕一样去观
看所有雕塑及绘画。在观看艺术品时，一位冷静平和的观者必须以
连贯一致的方式，引导她的眼睛和想象力，从前到后地望向进深中
去。在观看过程中，即便有脚步的移动，也一定是面对着作品、沿
着作品所设定的中心轴线的前后移动。[25]为了实现这一理想，也为
了更好地规定观者的行为，绘画和雕塑中的人物应该被安排在尽量
少的清晰平面中，人物与背景的对比也须要尽可能地显著。[26]虽然
诸如"短缩"这样的手法可能与"望入"的行为相互矛盾，但我们
有必要去抵抗这种"本能的客观趋势"（即想象一个人正向我们这个
方向倾斜过来）。相反，我们必须强迫自己从前到后地观看。[27]对
希尔德布兰德而言，这种智性化的艺术再现和观看方式，最完美地
体现在了希腊艺术中流行的，那据称是自足、封闭的浮雕之中。对
他来说，观看希腊浮雕的方式，对于观看所有艺术作品都是有效的，
尤其是观看浮雕作品。

　　虽然绝大部分浮雕并不采用透视手法，但希尔德布兰德所要求
的观看浮雕的方式，就是观看具有几何光学特点（尤其是透视特点）
绘画的方法——这当然是文艺复兴以来现代"透视"思维的产物。希
尔德布兰德之后的主要形式主义批评家在讨论雕塑时的态度，无论
在表面上看与他的观点有多大的差别，事实上都遵循了同一思路，

[25]关于浮雕作为现
代艺术的问题，参见
Ernst-Gerhard Güse, ed.,
*Reliefs: Formprobleme
zwischen Malerei und
Skulptur im* 20. *Jahrhundert*, Bern: Benteli, 1981.

[26] Hildebrand, "Problem of Form in the Fine
Arts," 246.

[27] Hildebrand, "Problem of Form in the Fine
Arts," 246.

[28] David J. Getsy,
"Tactility or Opticality,
Henry Moore or David
Smith: Herbert Read and
Clement Greenberg on
The Art of Sculpture,
1956", *Anglo-American
Exchange in Postwar
Sculpture*, 1945-1975,
Getty, 2011,105-121.

[29] 如弗雷德对于英
国雕塑家安东尼·卡洛
（Anthony Caro）作品的
评述，见《卡洛的抽
象》，迈克尔·弗雷德：
《艺术与物性：论文与
评论集》，张小剑、沈
语冰译，南京：江苏凤
凰美术出版社，2013年，
第219—222页。

[30] Herbert Read, *The
Art of Sculpture*, London,
1956,66.

[31] Summers, *Real
Spaces*, 448-50.

[32] Summers, *Real
Spaces*, 449-50.

如格林伯格对于雕塑"视觉性"的强调[28]，或者弗雷德对静止的观者望入雕刻并沉思其中形式元素之间关系的要求[29]，等等。在此，我们可以引用赫伯特·李德（Herbert Read），将此思路称作文艺复兴以来在制作和评论雕塑时的"绘画偏见"。[30]

近年来，对西方传统浮雕制作和感知最为透彻的分析，莫过于萨默斯的《真实空间：世界艺术史和西方现代主义的兴起》一书。为了对形式主义艺术史家所运用的"绘画偏见""视觉中心主义"进行彻底批判，萨默斯精心重构了希尔德布兰德们所崇尚的浮雕类型的来龙去脉。[31]他认为，埃及浮雕中简单的地面线（groundline），在希腊浮雕那里被完善成了一个与浮雕表面相垂直的虚拟坐标平面，而这个虚拟平面上相互重叠的平行立面，就构成了后来在艺术史中得到长足发展的"浮雕空间"（图12）。为了正确观看这样的浮雕，人们必须沿着这个虚拟的坐标平面，望入它们的"虚拟进深"："浮雕空间简单但又确定地沿着视觉的方向推进平面呈现。"[32]萨默斯进一步解释说：

当第二平面得到了定义，而且原初的那个平面逐步界定了浮雕形式的界限的时候，第二平面自身就变成了可视性的界限，它由这些形式的轮廓定义出来。这样，像原初平面一样，第二平面也变成了不可见的或透明的，它同时还强化了原初平面；

图12 巴台农神庙泛雅典娜节（局部），约公元前443—437年，卢浮宫

利用它所有潜在的价值，它在已完成了的人物的周围或背后，建立起了一个虚拟的"某处"……不过，坐标平面也是模棱两可的，因为尽管平面可以被无限地增加，但在实践中却是不可行的。也就是说，在近处的人物完全遮挡住远处的人物之前，只有一定数量的平面可以被增加。但是，平面在虚拟维度之中的无限扩展，在观念上带来了一种新动力。平面上向虚拟维度开放的那个"某处"，可以采用任何一种规模。[33]

将此叙述继续向前推进，我们就可以说，文艺复兴及之后的绘画透视空间，正是这类浮雕空间的一个自然发展，透视已经蕴含于西方早期的浮雕之中。

在萨默斯的叙述中，浮雕第一平面和第二平面的透明，是确保观者"望入"浮雕虚拟空间的关键。有学者曾正确指出，为了支撑这一观点，萨默斯有意忽略了希腊雕塑的几个关键特征。其中一个特征，就是希腊浮雕石板中可能超出前平面的一些凸起。这些凸起"要不就是通过销钉接合或金属附件来实现，要不就是通过叙事性行动的暗示来实现"[34]。换言之，就算一般被视为封闭、清晰和平衡的希腊浮雕当中，"前出"效果——即事物从浮雕空间到观者空间运动的感觉，它们从墙里走出的状态——仍然是值得希腊雕刻家们去探索的一种可能性。从目前为止发现的希腊化时代遗存推断，希腊时

[33] Summers, *Real Spaces*, 450.

[34] Richard Neer, *The Emergence of the Classical Style in Greek Sculpture*, Chicago: University of Chicago Press, 2010,186.

期绘画的情况应该也一样。

　　那就是说，与希尔德布兰德式的具有沉思特点的理性"看透""望入"所带来的刻意性和胁迫感不同，一种显著的形式从表面凸出出来这一印象，是自然而然地发生的。即使没有明显的提示（诸如短缩法、木钉附件或凸出于前平面的佛像的手），它也一样能够发生。而在另一方面，浮雕前出的潜力又会在很多雕塑传统中，诱发出极端的浮雕形式，诸如南宋大足宝顶山系统的摩崖浮雕，或者贝尔尼尼、阿尔加迪的巴洛克浮雕，以及前面提到的前平面浮雕，就代表了前出效果的"最高级"。[35]

　　实际上，中文"浮雕"一词本身就很好地传达了这类艺术媒介的本质以及它们可能造成的效果——它是发生在表面上的一件事情，是"浮现"出来的；在其背后总会蕴藏着其他事物，它是一种有局限的媒介。在西方语境中，当文艺复兴时期意大利艺术家和理论家第一次尝试梳理艺术制作与感知中的"浮雕"问题时，"望入"并不是一个必要条件。他们将它或者视为绘画时对画中人物所做的立体塑形，或者视为一种特定的雕塑形式，或者视为二维平面上造就的三维错觉。也就是说，至少在现代的黎明时期，人们还没有对那个分层的浮雕空间或对于浮雕内部的沉静观看，显示出特别兴趣——后者在那时属于各类新兴的透视的领地。[36]

　　总而言之，具有"二维半"特点的浮雕始终存在着这样一种可

[35]关于实现浮雕空间的四种方法，参见 Rogers, *Relief Sculpture*, 49-76.关于宝顶山摩崖浮雕在技法上的创新，见本书第Ⅳ章。

[36] Luba Freedman, "'Rilievo' as an Artistic Term in Renaissance Art Theory", *Rinascimento* 29 (1989):217-47.

[37] 我们可以说，塔特林就是期望通过他的"墙角反浮雕"（"Corner Counter-Relief", 1914-1915; The State Russian Museum, St. Petersburg），去对传统艺术媒介（如浮雕）对于墙体的依赖做出了嘲讽。

[38] "朦胧之境""边境地带"的说法，出自Stella Kramrisch, "Ajanta"；关于浮雕更多的特质，见Andrew J. Mitchell, *Heidegger among the Sculptors: Body, Space, and the Art of Dwelling*, Stanford, CA: Stanford University Press, 2010, 62-65.

能性：它朝向观者的方向推进，而不是"朝向视觉的方向"（萨默斯语）。这种可能性，既源自浮雕努力超越二维性但又不完全成为三维的桀骜不驯的特质（或者说局限），也源于艺术家应对这一局限性时所使用的具体策略。作为一种清晰地展示了"被加工""被制作出来"特点的艺术媒介（无论它是塑造的、雕刻的，还是绘制的），浮雕总能刺激艺术家勉力去和其媒介进行微妙的协商。因此，思考浮雕就是对浮雕那非凡的"可加工性"的不断温习——这"可加工性"包括它与墙的辩证关系，以及把它所寓居的空间转换为一个地点及场所的能力。仅次于各式各样的壁画，浮雕通过覆盖墙面揭示了墙（即地点）在艺术制作中所扮演的角色。[37] 另外，浮雕有一种内在能力，它能在清晰交代的前景人物与中立的后平面之间保持一种平衡关系，并以此来调动和限定观者。它对观者和观者所处的空间都提出了很高的要求，在浮雕面前，观者的身体及其所处空间都变成了它的媒介。前平面是浮雕作品本身终止的地方，但它也是浮雕真实空间开始的地方。作为一个不确定的"朦胧之境""边境地带"，浮雕必定会造就一些难以缓解的张力：例如，凸显出来的人物与模棱两可的基底之间，真实空间/虚拟空间与观者空间之间，"隐"与"显"之间的纠结关系。[38] 浮雕以自己的方式，彰显着绘画、雕塑和建筑都必须面对的一个问题，即艺术品的外貌如何走进世界其他部分的问题。

　　浮雕和我们观者之间的关系，最好地彰显了艺术史家萨默斯所谓

的世界、事物、形象与我们之间相互"面对"的关系——"世界不仅
被观看，在更为根本的意义上，它被面对……面对让世界回望我们，
让世界变成了我们。制作形象就是制作可以被面对的事物——也就是，
可以被赋予一个面部然后让我们面对的事物。"[39] 浮雕便是些被制
作出来，然后面对着我们的事物。它们当然要求我们的专注与凝
视，但它们同时也会让我们无目的地瞥观、手足无措、躁动不安。

　　一流实践艺术家对蕴含在浮雕之中的这些关系特征，有着尤其
敏锐的理解。作为世界艺术史上极富技术创新的浮雕家之一，多纳
泰罗在面对浮雕问题时，就提出了多种方案。通过尝试不同的方法，
通过展示浮雕的平面与空间、基底与背景所包含的多种潜力，多纳
泰罗指导着我们如何去观看和思考浮雕、具有浮雕效果的绘画，以
及这二者的载体——墙。在佛罗伦萨圣弥额尔教堂的圣乔治雕像
下方的浮雕那里，他就探索了处理浮雕人物所在基底的几种可能
性——它可以是一个倾斜、中立的后平面，也可以是一个用极浅的
浮雕制成的透视空间，又可以是深深的下刻（图 13）。在佛罗伦萨圣
十字教堂的卡瓦尔坎蒂布告台，他并置了两个解决浮雕空间的方法。
一是简化所有能够造成进深感的视觉方法，进深只是通过大门前的
椅子的短缩暗示出来；与此同时，强调浮雕进深之窄——紧闭的门
就是个坚实、密不透风的后平面，人物被安置在一个狭小空间中，
无法向内移动，似乎只能向前浮现出来（图 14）。紧闭的门是这次艺

[39] Summers, Real
Spaces, 372.

图13 多纳泰罗,《圣乔治与龙》,大理石,39厘米×120厘米,1417年,佛罗伦萨圣弥额尔教堂

图14　多纳泰罗,《圣母领报》,石灰岩,420厘米×248厘米,约1433年,佛罗伦萨圣十字教堂

图15　吉贝尔蒂,《雅各与以扫》(出自《天堂之门》),镀金青铜,79厘米×70厘米,1452年,佛罗伦萨圣若望洗礼堂

术实验的关键。多纳泰罗深知，倘若他用一个雕刻出来的透视场景去取代紧闭的门，以迎合椅子的短缩——正如同时期的洛伦佐·吉贝尔蒂所做的（图15），那么在观者眼里，那些深深刻出的巨型人物，便会"在不明空间里无方向地漂浮"[40]。我们知道，无论是在雕塑中还是在绘画中，当具有潜在的"突出"特质的"塑形"遇上鼓励观者"望入"的透视时，张力的出现就是不可避免的了——潘诺夫斯基在透视研究的经典之作《作为符号形式的透视》中无法给浮雕和塑形一个清晰的定位，其原因就在于此。[41] 显然，多纳泰罗这一作品的主要目的，就是要通过抑制"透视"来彰显浮雕的塑形能力。

但让我们假设，多纳泰罗真的打开了卡瓦尔坎蒂布告台浮雕里的那扇门——那将会发生什么？

[40] 这是早期形式主义者对吉贝尔蒂和多纳泰罗的浮雕的评论，见 Michael Podro, *Depiction*, New Haven, CT: Yale University Press, 1998, 33, 35.

[41] Christopher Lakey, "To See Clearly-The Place of Relief in Medieval Visual Culture", Herbert Kessler ed., *Optics, ethics, and art in the thirteenth and fourteenth centuries: Looking into Peter of Limoges's "Moral treatise on the eye"*, Brepols, 2018, 120-138.

三、进入石头

美国雕塑家娜塔莉·哈尔科夫·霍兰德（Natalie Charkow Hollander）在1974年前后放弃了抽象金属焊接浮雕，转向具象石作浮雕。她后来几十年的浮雕创作和教学所要努力成就的，就是如何打开浮雕里的这扇门。她的这批作品是些近乎镂空的小型石板，雕凿完成后，或单独或几块组合在一起镶嵌到画廊的墙壁上（图16）。

显然，霍兰德对石质浮雕制作的条件性了如指掌。无论在世界哪一个雕塑传统，石浮雕的条件性都是由不同石材的"性情"，两个平面间狭窄的空间，有限的工具种类（斧、尖凿、平凿、圆头凿、钎、打磨用具等），以及与广义上的墙壁的结合方式等几个元素构成。霍兰德以自己独有的方式，充分利用了几乎所有这些条件，并将其中的一些推向了极致。她对于浮雕媒介的创意复兴，同稍早于她的后现代主义雕塑家（如莫里斯）出于对绘画的敌意而作的浮雕改良相比，有着本质不同。[42]

霍兰德同时期的一位画家曾这样描述她的浮雕："它们的起点是图画，描摹自皮埃罗、普桑或马蒂斯。雕刻出来的石头的各平面是在移译绘画里想象出来的各（扁平）空间。扁平性被当成了一种雕塑元素，它可以被挪移到浮雕空间之中，放置在后方，被它所处的进深造成的阴影所覆盖——石灰石变得透明了。"[43]也就是说，这些浮雕开始于画稿。最前方那些如同剪影般的人物，保留了石板原始前平面上画稿的扁平形状。而后方进深里的人物的雕凿，则利用了凿

[42] 关于莫里斯的浮雕作品及雕塑观，见 David Hodge, "Temporarily Unautomated Tasks: Robert Morris's Lead Reliefs and Related Works, 1964–65", *Art History* Vol.39, No.1 (2015):99–123.

[43] 这是画家 Andrew Forge 的描述，见 Hilton Kramer, "Natalie C. Hollander Returns From Absence With Virtuoso Exhibit", https://observer.com/2004/05/natalie-c-hollander-returns-from-absence-with-virtuoso-exhibit/（截至2022年3月16日）

图16　娜塔莉·霍兰德，《关于皮埃罗》，石灰岩，36厘米×46厘米×12厘米，1999年，个人收藏

子、槌子、锉等传统雕刻工具，偶尔配以电动工具——吉贝尔蒂透
视浮雕背景上的线刻人物，在这里变成了实实在在的、近乎三维的
事物。

　　这些石灰石雕刻的规模并不大，1999年的《关于皮埃罗》
（ *Regarding Piero* ）的维度是：高36厘米、长46厘米、宽12厘米。也
就是说，所有雕刻行为以及它们所造就的多个人物就发生在大约12
厘米的进深之中。同时，这又是些模仿小幅绘画的浮雕，各浮雕四
边戗平了的前平面构成了每铺浮雕的"石条画框"。面对着它们，观
者难免会被莫名地吸引；走近它们，并望入这些"挂在"墙上的小窥
窗之内。

　　这些浮雕初始画稿的源头，并非普通的绘画，而是出自题材、
叙事及技法意义上的西方绘画正典，如皮埃罗、提香、普桑、马蒂
斯等人的绘画。从表面上看，霍兰德的作品是对过去几个世纪里图
绘室内透视法的一个纪念，它们似乎在说，挽救西方艺术正典的唯
一出路，在于对"前突""扑面而来""塑形"的全面放弃——艺术家
必须将透视进行到底。霍兰德这类雕塑之所以得到了最保守的批评
家如希尔顿·克莱默（Hilton Kramer）的赞许，一方面是由于它们对
西方绘画正典的援引，另一方面是由于这些作品貌似做出的对于冷
静、理性的"望入"观看方式的回归。

　　然而，保守主义观者及批评家所赞赏的这些品质，真的只是

"貌似"而已。这些浮雕的确会要求观者的"看透"和"望入",但随之而来的是观看所造成的焦虑与不安——贴近了浮雕的眼睛必须在浮雕内部慌乱地"走来走去",才可以大致把握它的空间建构。批评家凯伦·威尔金(Karen Wilkin)过去二十余年一直关注着霍兰德的这批作品,比较2005年她写下的评论文字和近来她对这些评述的修订,即刻会让我们联想起前面提及的克拉姆里什面对着阿旃陀凹凸壁画时所做的挣扎——她们都在努力寻找准确的文字,去尽量接近浮雕艺术品所造成的几乎无法用文字去描写的种种现象。

2005年,威尔金这样评论霍兰德:

[她]重新发明了浮雕,把图画空间这个历史悠久的概念,转译成为一些出乎意料的、完全现代的结构。这些结构一方面体现了它们与各表征规范之间的复杂对话,另一方面是对这些规范的否定。霍兰德并没有用传统的浮雕手段,从一个背景平面逐步建构起块面,并以此来暗示空间中的三维形式;相反,她将石料的表面当作一个难以驯服的平面,她把我们所处的外部世界和她雕刻作品的内部世界分离开来。……最终产生的浮雕离观者而去,逐渐后退进被深深下刻的石料的空间之中,似乎在躲避着那些生成石料的物质现实。我们似乎望进了或者看穿了那些独立自足的空间,而这些空间又仿佛要超越石头所

清晰规定的那些边界。……与传统具象浮雕背景上那些浅线刻
不同，霍兰德浮雕深处的形式与离我们较近的那些形式具有同
样清晰的空间。不过……近处和远处形式的前表面可以是极度
扁平的，就仿若为了突破石板那限定的边界，它们被压扁了一
样。……霍兰德暗示到，我们不是在看着这些场景，而是已经
进入其中。扁平的通道暗示着，我们处于这虚构的图画场域之
中，就好似我们穿过了表平面，被投掷进来。然而，这内部空
间并不平滑地过渡；相反，它是重层的，就像一本立体书的那
些有规律递进。……她的雕刻以某种方式克服了石头实际的物
质性，但内在于石头的重量、体量以及坚实等雕塑特质却并没
有减少。[44]

这些文字出自威尔金的文章《看透石头》。2020年，威尔金发表
此文的修订版时，将题目改成了《娜塔莉·哈尔科夫·霍兰德——
进入石头》。面对同样一批浮雕，威尔金在重复旧文的重点段落的同
时，对部分表述进行了更改，也添加了一些新的表达。例如：面对
着这些规模并不大的浮雕作品，"我们感觉好像我们被允许进入这些
秘密地带，好像我们能够望进那好似超越了石板极限的进深之中"；
与"传统浮雕向观者的方向突出出来"的现象不同，我们进入场景
之中，被神奇地投掷到石块中，"石头的表面已在我们后方"；"霍

[44] Karen Wilkin,
"Seeing through Stone",
Art in America, Vol.93,
no.4 (2005): 127-129.

兰德高超且不易把握的雕刻在挑战着我们的各种假设和偏见，让我们去重新思考我们以往关于视错觉和躯体性的所有知识。与此同时，它们神秘的形象和诱人的空间又在胁迫着我们，给我们带来了极大乐趣"[45]，等等。

变动文章题目和添加新表述的背后，是批评家对于现代主义、后现代主义艺术思考上的变化，以及对于霍兰德作品在当代艺术史所占地位更为复杂的理解——15 年之后，这些作品要求观众去做的，已经不再聚焦于如何在一定距离之外看透、望入石头，而是集中在观者怎样重演霍兰德在镌凿这些人物时的状态，即如何贴近这些浮雕、如何虚拟地进入这些石头。威尔金现在更明确地指出，即便是现代主义浮雕作品也一样可以魅惑观者，让他们行动起来，至少是虚拟地行动起来；换句话说，这些作品导致的绝不是异化了的沉思和静止不动。

在威尔金的观看和描述的基础上，我们或许可以再前行一步。前面已经提及，在世界艺术史上，无论在绘画中还是在浮雕中，各类透视与塑形之间一直存在着张力，而霍兰德创作的本意就是去缓解这一紧张关系。她采用不施彩绘的浮雕形式向西方现代经典绘画的最主要特征——透视——致敬，她利用石作浮雕的真实维度，将绘画的虚拟透视变成真实的透视。她采用与多纳泰罗完全相反的举措，不去压制透视，而是尽最大可能去遏制内在于浮雕这一媒介的

[45] Karen Wilson, "Natalie Charkow Hollander: Into the Stone", The Hopkins Review, Vol.13, No.2 (2020):256-266.

前出效果。然而，她的意愿在最终的成品那里并未实现。一方面，这些作品总是带有一种莫名的诙谐，好像它们不是在礼敬透视，而是在嘲讽透视。另一方面，当望入成为真实的事情的时候，当眼睛必须贴近这些小型浮雕以便一探究竟、仿佛代替了身体去"摸索"这窄空间的时候，兴奋、慌乱不安、不知所措等情态注定发生——作品意欲消解的张力以另外一种方式重新出现了。

换句话说，通过干预和解构浮雕的本质特征，通过使前平面和后平面都变得透明，霍兰德的作品让西方现代浮雕所要求的"望入"走向极致，但同时又让这"望入"不再沉静。进深之内的事物和观者一起被胁迫着进入浮雕之中，原本是现代主义的作品由此带上了后现代主义倍加推崇的反讽、欲望、身体性、邂逅等品质。在霍兰德的手中，让浮雕的现代主义手法走向极端，成了超越现代性的一个利器，仿佛告别现代艺术的最佳手段，就是现代艺术手段自身——现代性具有解决自身危机的潜能。

四、未来的艺术史叙事

我们在本章开始部分尝试重构了"天竺式"浮雕在中国最初被制作和接受的情况。接着，我们征引了来自其他艺术传统的浮雕作品的制作情况，以及观者对于它们的感知。从表面上看，这样的艺术史让所有这些作品脱离了它们创作及使用的原境，变得无家可归。但是，当围绕着"前出"与"望入"两个情节将它们聚集在一起时，这些作品之间又似乎的的确确发生了对话。虽然这只是一场看似虚拟的对话，只是通过数字图像间的"伪交流"来实现的对话，但这些浮雕制品所拥有的相似的现象学以及专属于浮雕的制作法，令本没有历史联系的艺术品，构成了一系列相互交织的事件，并继而组成了一个完整的叙事。[46]

这一叙事之所以变得可能，得益于最前沿的数字技术和网络技术，它们让艺术史学者在网罗资料、细读作品、虚拟感知作品等方面获得了一种超能力。下面这个悖论，已经是人文研究中众所周知的事实，即，尽管现代技术及其传播造成了人与真实世界的异化，但与此同时这些技术以这样或那样的方式极大地改变、加强了人的感知力。就艺术史而言，当摄影、幻灯片技术介入艺术史教学和研究时，形式主义艺术史就成为可能。同样，摄影技术的发展既让瓦尔堡的《记忆图集》成为现实，也成就了马尔罗的"无墙的博物馆"。如今，随着最新数码技术的出现，技术有可能再次带来观看艺术的全新方式吗？一种超越了形式主义和各色原境主义的艺术史

[46] 关于以非人的技术之物作为叙事主体的可能性，参见David M. Kaplan, "How to Read Technology Critically", *New Waves in Philosophy of Technology*, Palgrave Macmillan, 2008,83-99.

叙事会就此诞生吗？这些显然是今天的艺术史家亟须回答的问题。仅就本章而言，让中古汉地匠人、阿旃陀匠人、多纳泰罗、吉贝尔蒂，以及霍兰德围绕着浮雕这一共享媒介展开对话，至少有两个意义。第一个意义是，所谓"局内人"对她自身艺术传统的理解，一旦被放置在他者之镜面前，这理解就会被去自然化、被增强，变得锐利。与此同时，他者的艺术不再陌生——"最遥远的事物，变得近了，其代价是，与原本近的事物之间的距离，被拉大了。"[47]另外一个意义是，站在全球艺术史的高度去关照过往的艺术，会改变未来的艺术史——按照萨默斯的说法，这意味着改变未来的艺术创作。[48]

本章原刊于《跨文化美术史年鉴4：走向艺术史的"艺术"》（2023年），此次发表有修订。

[47] Georg Simmel, *The Philosophy of Money*, trans. Tom Bottomore and David Frisby, London: Routledge and K. Paul, 1978, 475-476. 同时参见 Bill Brown, "Materiality", in *Critical Terms for Media Studies*, ed. W.J.T. Mitchell and Mark B.N. Hansen, Chicago: University of Chicago Press, 2010, 49-63.

[48] David Summers, "Form and Gender", *New Literary History*, Vol.24, No.2 (1993):268.